You did it!

Anglais

A1 > A2

6e

Workbook

Sous la direction de

Fiona Ratkoff

Inspectrice d'anglais, Académie de Nantes

Chaîne YouTube *The Joy of Teaching English*

Webinaires pédagogiques

Stéphanie Chauvel

Professeur certifié (72)

Formatrice

Chaîne YouTube *H@ppy Prof*

Marie-Hélène Fasquel

Professeur agrégé (87)

Ambassadrice eTwinning

Claudine Martina

Professeur agrégé (49)

Référente transition primaire-collège

Référente grammaire

Tony Raitière

Professeur certifié (72)

Référent numérique

Anne-Élodie Riehl

Professeur certifié (72)

Référente égalité filles-garçons

bordas éditeur

Les audios du *Workbook* You did it! 6e

Tu y accèdes via le **mini-lien** bordas.media/740133_001 sur bordas.media, saisis le **code secret** de la méthode puis le **code de la ressource**.

Responsables d'édition : Elisabeth Neyroud et Céline Ullas assistées de Anaïs Dassé
Édition papier et numérique : Mireille Chu ; **Directeur artistique :** Pierre Taillemite
Iconographie : Katia Davidoff et Juliette Barjon ; **Montage et motion design :** Angèle Domenech
Illustrateurs : Erick Duhamel et Véronique Lefebvre (calendrier) ; **Conception graphique :** Massimo Miola
Mise en page : Alexandre Millot et Massimo Miola ; **Fabrication :** Jean-Philippe Dore
Gravure : Irilys ; **Réalisation sonore :** Quali'sons ; **Direction d'acteurs :** Jean-Paul Palmyre ; **Chansons :** Creative Learning

ISBN 978-2-04-740133-0

Sommaire

200 magnifiques stickers

À coller dans ton *Workbook*, dans ton cahier, où tu veux.

Where?

MANUEL ▶ p. 20

1 **a. Complète** la légende avec les couleurs de ton choix et colorie ton drapeau.

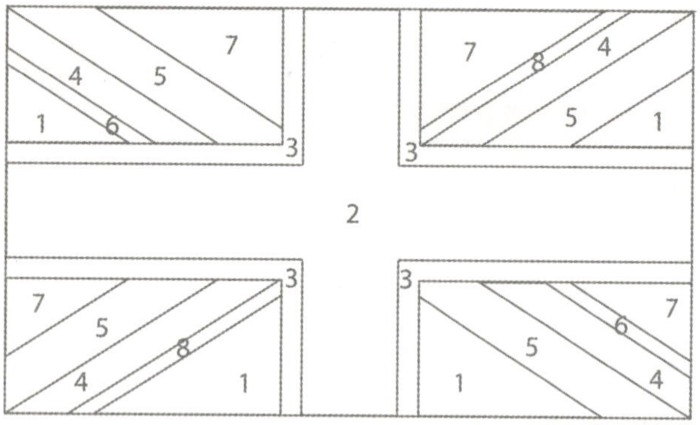

b. Puis, **colorie** le drapeau suivant selon les instructions de ton camarade.
Number 1 is red. Number 2 is blue...

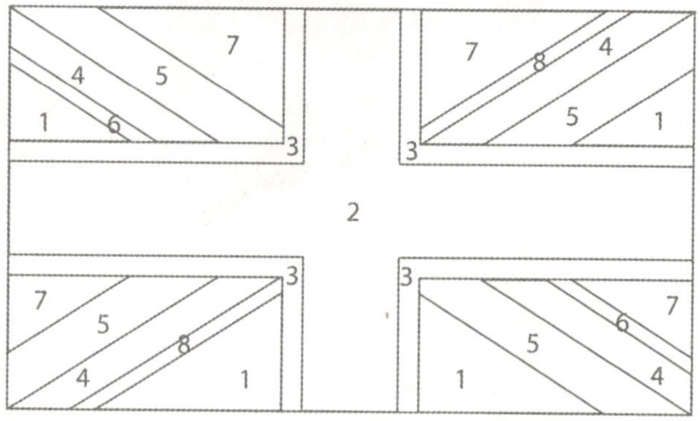

1. ....
2. ....
3. ....
4. ....
5. ....
6. ....
7. ....
8. ....

2 **Complète** ce court poème avec les mots que tu connais déjà.

...is as **red** as *an apple.* 
...is as **orange** as ....
...is as **yellow** as ....
...is as **green** as ....
...is as **blue** as ....
...is as **purple** as ....

What's my nationality?

MANUEL ▶ p. 20

3 **Complète** la grille de mots croisés en retrouvant les nationalités. Puis, **retrouve** le mot caché.

1. USTARLINAA
2. MAJAICNA
3. ZELAANDWENRE
4. SHIRI
5. TISHIBR
6. DIANNACA
7. FRISOUCANTHA
8. DANINI

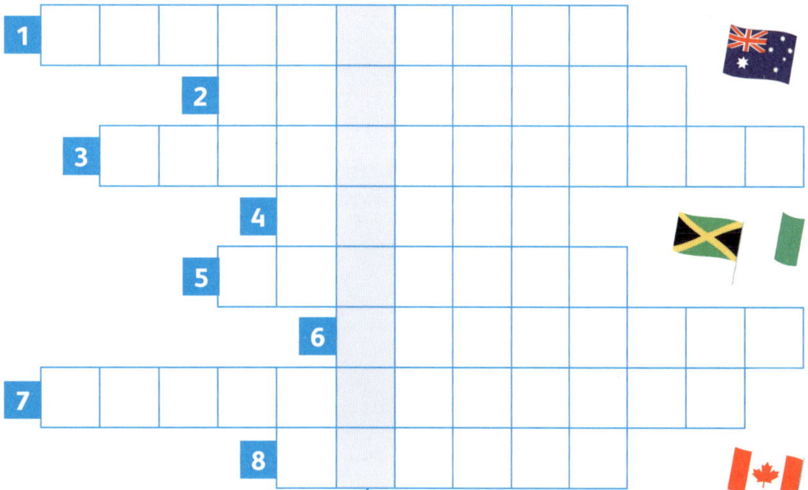

Mot caché : ....

How many?

MANUEL ▶ p. 21

4 Pour créer ton poster, tu peux **utiliser** les aides suivantes.
Pense à utiliser d'autres phrases que tu connais déjà.

I have a dog.	J'ai un chien.
I was born in April.	Je suis né/e en avril.
I live in house number 6.	J'habite au numéro 6.
I like chocolate.	J'aime le chocolat.
I am 11.	J'ai 11 ans.

5 **Défi classe** : peux-tu, avec l'aide de tes camarades, **noter** tous les chiffres de 1 à 25 ?

Note d'abord ceux que **tu connais**.
Complète avec **ton voisin**. Puis, **complète** par groupe de 4 et enfin en classe entière.

Écris les chiffres dans ton cahier d'anglais.

HAVE FUN IN THE UK!

The UK

MANUEL ▶ p. 22

1 **a. Recopie** les noms sur la carte.
England – Ireland – Northern Ireland – Scotland – Wales

b. Puis, **écoute** l'audio et **colorie** la carte selon les indications entendues. bordas.media/740133_001

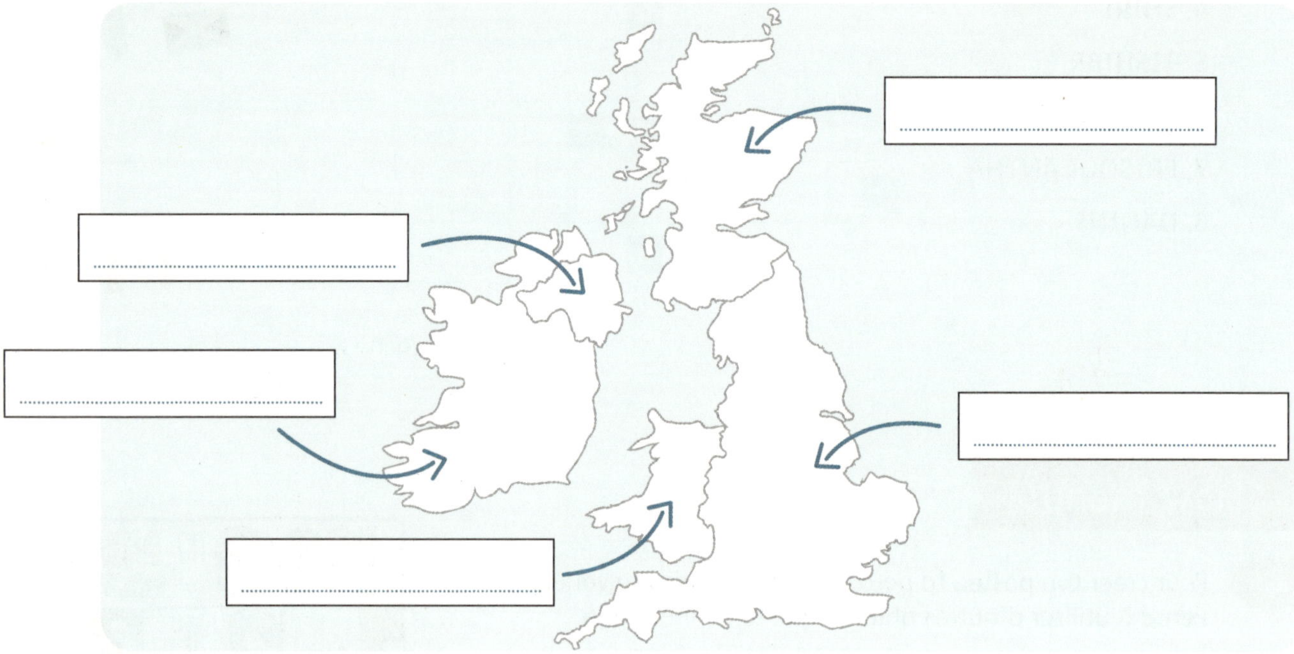

The alphabet

MANUEL ▶ p. 22

2 **Choisis** une nationalité. Dans ton collier, **entoure** les lettres de la nationalité choisie.
Tu peux entourer plusieurs fois une lettre si besoin.

Donne les lettres restantes à ton camarade pour qu'il les raye. À lui de retrouver la nationalité choisie avec les lettres non rayées. Pense à lui **dire** si une lettre est utilisée plusieurs fois.

TOI

TON CAMARADE

3 **Révise** ton vocabulaire pour encore mieux le mémoriser.

Vocabulary Board Game

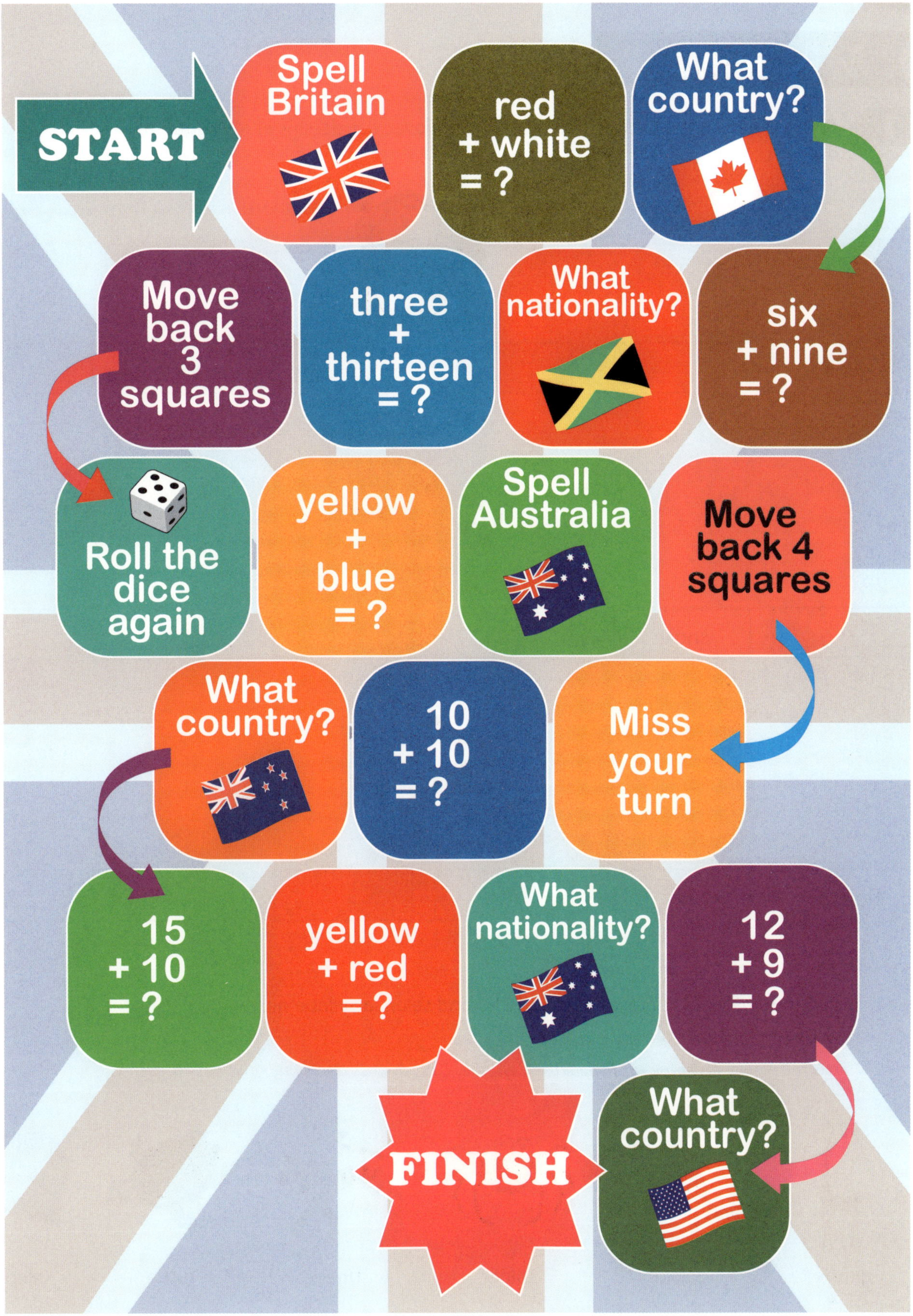

Wild animals

MANUEL ▸ p. 24

1 **a.** Commence par **compléter** les demi-cercles avec des dessins et les étiquettes avec le mot anglais ou français.

| abeille | .... |

| .... | .... |

| araignée | .... |

| .... | snake |

| .... | .... |

| .... | .... |

| éléphant | .... |

| .... | .... |

| .... | bird |

b. **Écoute** l'enregistrement et **colorie** le rond selon la syllabe qui est accentuée.

bordas.media/740133_002

« Giraffe » est accentué sur la deuxième syllabe. C'est donc le deuxième rond qui est noirci.

giraffe
○ ●

dolphin
○ ○

spider
○ ○

tiger
○ ○

turtle
○ ○

elephant
○○ ○

Wild adventures

MANUEL ▸ p. 24

bordas.media/740133_003

2 Amuse-toi à **retrouver** les adjectifs qui expriment ce qu'on peut ressentir.
Note-les et **traduis-les** pour encore mieux les mémoriser.

1. ....
2. ....
3. ....
4. ....
5. ....
6. ....

1. ....
2. ....
3. ....
4. ....
5. ....
6. ....

3 À toi de **créer** tes 3 araignées. **Choisis** une émotion par araignée.
Complète le dessin. **Indique** le mot correspondant en anglais.
Quand tu as fini, **écoute** ton camarade et **complète** ses araignées.

My spider Nr. 1 is happy.

TOI

My spider Nr. 1 is ....

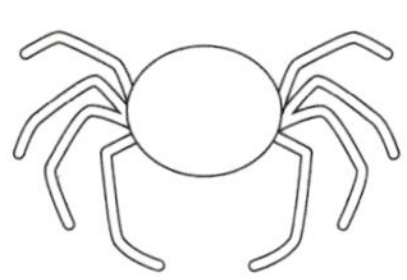

Spider Nr. 2 is ....

Spider Nr. 3 is ....

TON CAMARADE

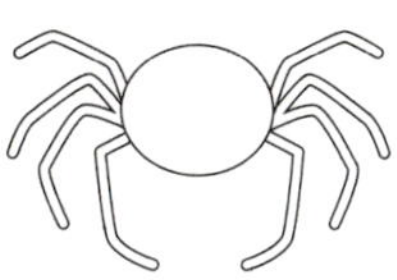

Your spider Nr. 1 is ....

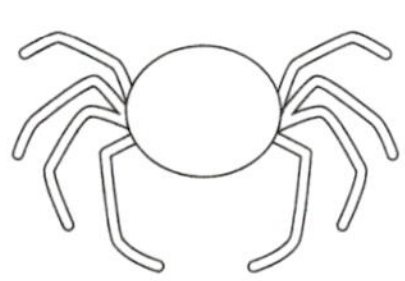

Spider Nr. 2 is ....

Spider Nr. 3 is ....

4 **Regarde** la vidéo et **recopie** uniquement les mots qui correspondent à Anansi.

 excited
 angry
 surprised
 unhappy
 thirsty
 tired

 sad
 sick
 happy
 bored
 hungry
 lazy

= ....

= ....

= ....

A wild spider

MANUEL ▶ p. 25

5 **Complète** la carte d'identité d'Anansi avec les informations trouvées dans le texte.

Anansi is a Jamaican national folkloric hero.
His story comes from Africa.
He is a spider-man.
He is clever and loves tricks.
He has 8 long thin legs.

Name: ....

Nationality: ....

Origin: ....

Physical characteristics: ....

....

Personality: ....

....

....

An amazing week

MANUEL ▶ p. 26

1 **a. Complète** les cases suivantes avec leur traduction.

lundi I ♥ M_ _ _ _ _

mercredi I ♥ W_ _ _ _ _ _ _ _ _

dimanche I ♥ S_ _ _ _ _

jeudi I ♥ T_ _ _ _ _ _ _

mardi I ♥ T_ _ _ _ _ _

samedi I ♥ S_ _ _ _ _ _ _

vendredi I ♥ F_ _ _ _ _

b. Puis, **remets** les jours de la semaine dans l'ordre.

1. ....
2. ....
3. ....
4. ....
5. ....
6. ....
7. ....

Amazing months

MANUEL ▶ p. 26

2 **Écoute** l'enregistrement et **surligne** les syllabes accentuées dans le nom des mois, puis **classe** les mots selon leur accentuation. bordas.media/740133_004

January – February – March – April – May – June – July – August – September – October – November – December

Oooo	O	Oo	oO	oOo
....	....	....	....	....
....	....	....	....	....
....	....	....	....	....
....	....	....	....	....

An amazing year

MANUEL ▶ p. 27

3 **Dessine** un arbre pour chaque saison et **indique** de quelle saison il s'agit.

....	....	....	....

VISIT CALIFORNIA

California in numbers

MANUEL ▸ p. 28

bordas.media/740133_005

1 **a. Écoute** l'enregistrement et **classe** les chiffres suivants selon leur accentuation.

13 thirteen – **14** fourteen – **15** fifteen – **16** sixteen – **17** seventeen – **18** eighteen – **19** nineteen
20 twenty – **30** thirty – **40** forty – **50** fifty – **60** sixty – **70** seventy – **80** eighty – **90** ninety

oO		Oo	
–	–	–	– ....
–	–	–	– ....
–	–	–	– ....
–	–	–	– ....

b. Que remarques-tu ?

Les mots qui se terminent par « teen » sont accentués sur la .... syllabe.

Les mots qui se terminent par « ty » sont accentués sur la .... syllabe.

2 PAIRWORK Maintenant que tu sais les accentuer, **entoure** 5 chiffres et **dis-les** à ton camarade. **Comparez** pour être sûrs que vous vous êtes bien compris.

10 20 30 13 14 40 15 50 6 16 60

7 17 70 8 18 80 9 19 90

Attractions in California

MANUEL ▸ p. 29

bordas.media/740133_006

3 **a.** Avant de regarder la vidéo, **lis** la liste ci-contre. Il y a plusieurs mots que tu ne connais pas et ce n'est pas grave. Il y en a d'autres que tu connais !

b. Choisis tes 5 activités préférées.

1. San Diego Zoo
2. Disneyland
3. Lake Tahoe
4. Yosemite National Park
5. Disney California Adventure
6. Monterey Bay Aquarium
7. Calico Ghost Town
8. Six Flags Magic Mountain
9. Winchester Mystery House
10. Living Desert
11. Legoland
12. Universal Studios

c. Puis, **regarde** la vidéo et **vérifie**. As-tu changé d'avis ?
Maintenant, **classe-les** par ordre de préférence.

❤❤❤❤ ....

❤❤❤ ....

❤❤ ....

❤ ....

Weather in California

MANUEL ▶ p. 29

4 **Complète** le poster suivant avec les dessins et les mots correspondants.
Compare avec tes camarades.

For me, beautiful weather is snowy, cold, windy and rainy!

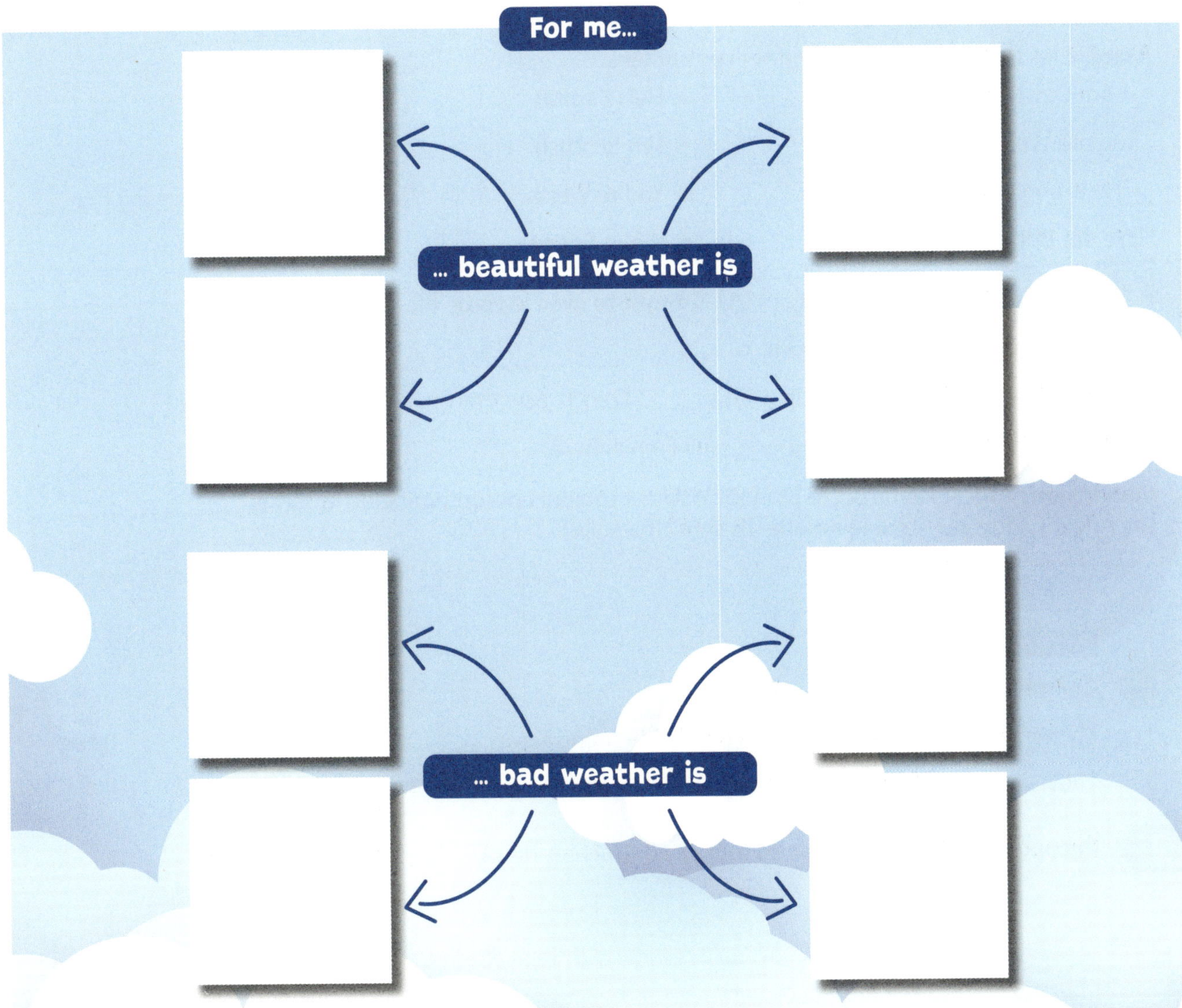

For me beautiful weather is ...., ..., ..., and ....

For me, bad weather is ...., ..., ..., and ....

 MANUEL ▸ p. 30

A. Le verbe *BE* à la forme affirmative

OBSERVE ET RÉFLÉCHIS

a. Chante le verbe BE. bordas.media/740133_007

Complète la chanson de BE et **entraîne-toi** à la chanter (sur l'air de *Cadet Rousselle*).

« Le verbe BE a .... habits. Le verbe .... a .... habits.

Il s'habille en __ __, en __ __, en __ __ __ !

Je dis "I __ __, He __ __, You __ __ __ !"

Ah, Ah, Ah oui, vraiment, le verbe .... est amusant. »

b. Découvre les formes pleines et les formes contractées de BE.
À la forme affirmative, pour parler avec naturel et fluidité, on peut enlever une voyelle de AM, IS, ARE. Par quoi la remplace-t-on ? Une apostrophe ou une virgule ?

....

Associie les formes pleines aux formes contractées.

I am Scottish. ●	● He's English.
You are Welsh. ●	● I'm Scottish.
He is English. ●	● You're Welsh.
We are British. ●	● We're British.

c. Sois vigilant avec le pronom sujet YOU. **Complète** avec le verbe BE.

– Tu es français. = You .... French.

– Vous êtes française, Mme Martin. = You .... French, Mrs Martin.

– Vous êtes tous français ici. = You .... all French here.

Conclusion : Avec le verbe BE, le pronom YOU est toujours accompagné de la forme ....
Les Anglais vouvoient tout le monde. Ils sont très polis !

ENTRAÎNE-TOI

1 **Complète** avec « am », « is » ou « are ».

My name .... Tom. I .... in France. My friend Kevin .... nice. My friend Julie .... funny. They .... great. You .... great too, Tom! We .... all happy here.

2 **Recopie** ce texte en utilisant les formes contractées de BE.

....

....

....

....

....

B. Le verbe *BE* aux formes négative et interrogative

OBSERVE ET RÉFLÉCHIS

Compare nos 2 langues et **réfléchis** à l'ordre des mots dans ces phrases.

Are you ready? Es-tu prêt ?
Is she ready? Est-elle prête ?
Is it ready? Est-ce prêt ?
I'm not ready. Je ne suis pas prêt.
She's not ready. Elle n'est pas prête.
It's not ready. Ce n'est pas prêt.
We're not ready. Nous ne sommes pas prêts / On n'est pas prêt.

- Où se place BE dans les questions ? Avant ou après le sujet ? .... le sujet.
- BE se place-t-il au début ou au milieu de la question ? ....
- La négation française, c'est « ne … pas ». En anglais, c'est le petit mot ....
- Où se place la négation anglaise ? Avant ou après BE ? ....

3 **Transforme** ces affirmations en questions. Puis, **traduis-les**.

a. It is 9.00. .... 9.00? = Est-ce qu'il .... ?

b. The teacher is here. .... ? = Est-ce que .... ?

c. We are late. .... ? = ... ?

4 **Mets** ces phrases à la forme négative et **traduis-les** en français.
Attention ! N'oublie pas « ne … pas ».

Tom's absent. *No! Tom's not absent.* Non ! Tom n'est pas absent.

Transforme ces affirmations en questions et **traduis-les**.

a. I'm late. No! ....

b. He's busy. No! ....

c. We're ready. No! ....

C. Le déterminant *a / an*

OBSERVE, COMPARE ET RÉFLÉCHIS

a dancer = un danseur *a dancer* = une danseuse

- Les mots anglais changent-ils selon le féminin ou le masculin, comme en français ? ☐ oui ☐ non
- Pour dire « un / une », l'anglais utilise-t-il le même déterminant « a » ? ☐ oui ☐ non
- Peut-on dire que *a* = 1 = un ou une ? ☐ oui ☐ non

GRAMMAIRE

Observe ces nouveaux exemples :

an assistant = un assistant *an assistant* = une assistante

- Quel mot a remplacé « a » pour dire « un/une » ici ? Le mot .... C'est un déterminant.
- Quel est l'intérêt de « an » ? « An » permet de faire une ....
- Peut-on dire que *an* = 1 = un ou une ? ☐ oui ☐ non
- Peut-on dire que *an* = *a* = 1 = un ou une ? ☐ oui ☐ non

PRONONCIATION

MANUEL ▶ p. 31

A. Le rythme

Écoute Rob, le robot, et Muse, la danseuse. **Compare** leur prononciation. bordas.media/740133_008

a. *My – name – is – Rob. I – am – a – robot.* Mon/ nom/ est/ Rob./ Je/ suis/ un/ robot.

b. *My name's Muse. I'm a dancer.* Je m'appelle Muse. Je suis une danseuse.

c. *We're happy together.* Nous sommes heureux ensemble.

RÉFLÉCHIS

- Qui parle de façon saccadée, en coupant ses mots ? Rob ou Muse ? ....
- Qui parle anglais correctement, avec fluidité ? Rob ou Muse ? ....
- Comment Rob prononcerait-il la phrase **c.** ? ....

ENTRAÎNE-TOI

8 **Fais des gestes**. Tu parleras mieux et tu retiendras plus facilement.

a. Dis les phrases de Rob, en marchant comme un robot. Lève un bras à chaque mot.

b. Dis les phrases de Muse en dansant.

B. L'accentuation de mots et le son /ə/, le schwa

Chaque mot anglais comporte une syllabe qu'on entend davantage. On parle de syllabe ....

RÉFLÉCHIS

L'accent de mot *banana*

- Le mot « banana » est composé de .... syllabes.
- L'accent est-il sur ☐ la 1re ☐ la 2e ou ☐ la 3e syllabe ?

- À quel schéma d'accentuation correspond « banana » ?

☐ **a.** O o o ☐ **b.** o O o ☐ **c.** o o O

- Combien de fois as-tu entendu le son /ə/ ?
1, 2, 3 ou 4 fois ? ....

- **Barre** les 3 « a » qui se prononcent /ə/.
Ils sont décolorés, comme des lettres fantômes. On ne les entend presque pas.
a banana

- Sont-ils dans des syllabes accentuées ? ☐ oui ☐ non

- Quand la voyelle « A » n'est pas accentuée, elle se prononce /ə/.
☐ vrai ☐ faux

- Écoute maintenant « a banana », accentué de 5 façons différentes. bordas.media/740133_009

1. O o o o **2.** o o o o **3.** o o O o **4.** o O o o **5.** o o o O

Que constates-tu ?
À chaque fois, la prononciation ....

Si je change l'accent de mot, je change la prononciation.

ENTRAÎNE-TOI bordas.media/740133_100

9 **Écoute** et **colorie** la syllabe accentuée, dans les mots et dans les bulles d'accentuation.

a. ba na na
o O o

b. A me ri ca
o O o o

c. Ja mai ca
o O o

d. Au stra lia
o O o

C. La prononciation du déterminant *a / an*

a dancer – a robot – an assistant bordas.media/740133_010

- Le A du déterminant « a » se prononce comme la lettre A de l'alphabet anglais.
☐ vrai ☐ faux

- Le déterminant « a » se prononce /ə/ (presque comme le « euh » français !).
☐ vrai ☐ faux

Le son /ə/ (qu'on appelle le schwa), est le son le plus fréquent de l'anglais.

- Le A du déterminant « an » se prononce comme le déterminant « a ». ☐ vrai ☐ faux

- « An » s'emploie ☐ devant une voyelle ou ☐ devant un son de voyelle ?

- Pour permettre une liaison, et de la fluidité, « a » se transforme en « an ». ☐ vrai ☐ faux

ENTRAÎNE-TOI

10 **Écoute**, **répète** et **coche** ce qui est correct, car plus facile à prononcer. bordas.media/740133_011

a. ☐ a // elephant OU ☐ an elephant

b. ☐ a // alligator OU ☐ an alligator

c. ☐ an yellow taxi OU ☐ a yellow taxi

1 Middle School is cool!

LET'S SING AND DANCE!

bordas.media/740133_012

MANUEL ▶ p. 37

Everyone's smiling

Wake up in the morning, it's 8 AM.
It's so fun to go to school again.
I missed my school, I missed you all.
Friends and teachers, see you in the hall.

I look around, everyone's smiling.
It feels so good to be back again! (x2)

Math and science and geography
Let's learn all about our history
No PC. Just you and me.
Together we can make it so easy!

I look around, everyone's smiling.
It feels so good to be back again! (x4)

Tout le monde sourit

Réveille-toi, il est 8 heures du matin.
C'est si amusant de retourner au collège.
L'école m'a manqué. Vous m'avez tous manqué.
Amis et professeurs, je vous verrai dans le couloir.

Je regarde autour de moi. Tout le monde sourit.
C'est si sympa d'être de retour ! (x2)

Les maths et les sciences et la géographie
Apprenons tout sur notre histoire
Pas d'ordinateur. Il n'y a que vous et moi.
Ensemble, nous pouvons rendre cela si simple !

Je regarde autour de moi. Tout le monde sourit.
C'est si sympa d'être de retour ! (x4)

1 **Surligne** tous les mots de la chanson qui sont en lien avec l'école.

2 a. **Quels autres mots** dans la chanson ont le même son voyelle ?

a grey cupcake [eɪ]

....

....

a bl**a**ck c**a**b [æ]

....

....

b. **Souligne** les mots qui ont le son [eɪ] au crayon de papier et les mots qui ont le son [æ] en noir.

c. **Connais-tu** d'autres mots avec les mêmes sons ?

[eɪ] (💡 : les jours de la semaine) : ....

[æ] (💡 : des pays ou des sentiments) : ....

Je lis **2 vers** à voix haute. ☐ ★ Je lis **4 vers** à voix haute. ☐ ★★ Je lis **6 vers** à voix haute. ☐ ★★★

On your marks

MANUEL ▶ p. 38

1 **Complète** les cadres avec les noms suivants.

an apple – a backpack – a board – crayons – a globe – highlighters – a medal – scissors – a trophy

Get set

MANUEL ▶ p. 38

bordas.media/740133_013

2 a. De nombreux mots sont similaires en français et en anglais. Peux-tu les **traduire** ?

1. **pos**sible ....
2. res**pons**ible ....
3. a**dult** ....
4. ex**act** ....
5. **punc**tual ....
6. ma**te**rial ....
7. **cell**phone ....
8. ex**per**iences ....
9. **mus**cle ....
10. **sci**ence ....
11. **lang**uage ....
12. **int**erest ....

b. **Répète-les** après avoir écouté l'enregistrement. bordas.media/740133_014

3 **Regarde** la vidéo une 1re fois et **numérote** les matières scolaires dans l'ordre dans lequel elles apparaissent. **Traduis** les matières en français.

1	Science	....	...	Health	....
...	Social studies	....	...	Art	....
...	Language arts	....	...	Physical Education	....
...	Math	....			....

4 **Regarde** une 2e fois la vidéo. **Coche** la bonne réponse.

a. School starts at 7 AM. ☐ vrai ☐ faux
b. You dance in Language Arts class. ☐ vrai ☐ faux
c. You use cookies in Math. ☐ vrai ☐ faux
d. Lunch lasts 30 minutes. ☐ vrai ☐ faux

5 **Regarde** la vidéo une 3e fois et **complète** la carte mentale.

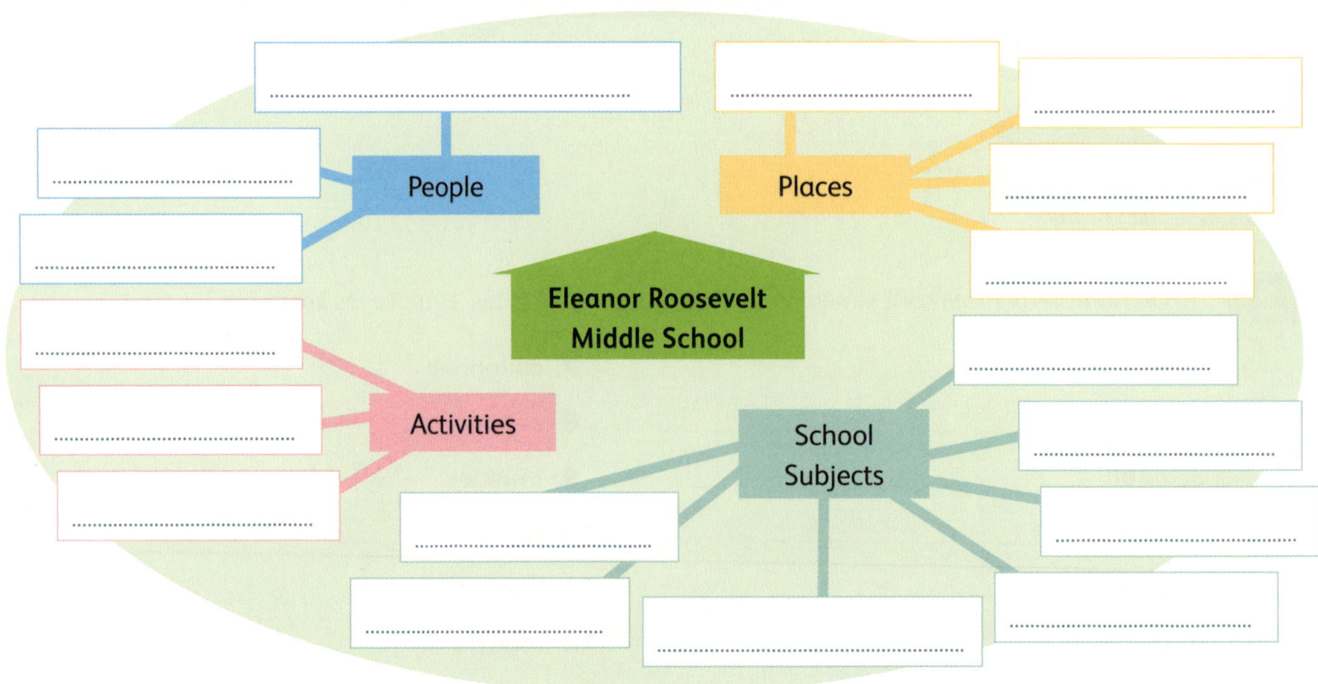

Go!

MANUEL ▶ p. 39

6 **Écris** les matières scolaires correspondant aux abréviations suivantes.

ENG	....	LANG	....
SCI	....	HIS	....
MTH	....	PE	....
HMR	....		

7 **Complète** le tableau suivant avec les mots de vocabulaire de la leçon.
Tu peux aussi t'aider du nuage de mots.

Supplies I can find in my pencil case	....
Supplies I can write on	....
Supplies for Science and Math class	....
Supplies for Art class	....

* paint = *peinture*
paintbrush = *pinceau*
diary = *agenda*

8 PAIRWORK

a. **Note** les matières de ton choix dans les cases vides, puis **donne** à ton camarade les informations manquantes.
b. **Ton camarade te donne** ensuite les matières qu'il a choisies. **Note-les** dans le second emploi du temps.
c. **Vérifiez** que vous avez bien noté la même chose.

Ex : On Tuesday, I have English at quarter to 9.

TOI

PERIOD		MONDAY	TUESDAY	WEDNESDAY	THURSDAY	FRIDAY
1	8:30 8:45	**HMR** ROOM 150	**HMR** ROOM 150	**HMR** ROOM 150	**HMR** ROOM 150	**HMR** ROOM 150
2	8:45 9:35	**ENG** ROOM 207	....	**ENG** ROOM 207	....	....
3	9:40 10:30	**PE** GYM	**MTH** ROOM 240	**HIS** ROOM 019		**HIS** ROOM 019
4	10:45 11:35		**LANG** ROOM 208	....	**LANG** ROOM 208	**MTH** ROOM 240
5	11:35 12:30	LUNCH				
6	12:35 1:25	....	**SCI** ROOM 220	**SCI** ROOM 220	....	**SCI** ROOM 220
7	1:30 2:20	**HIS** ROOM 019	**HIS** ROOM 019	....	**ENG** ROOM 207	**LANG** ROOM 208

TON CAMARADE

PERIOD		MONDAY	TUESDAY	WEDNESDAY	THURSDAY	FRIDAY
1	8:30 8:45	**HMR** ROOM 150	**HMR** ROOM 150	**HMR** ROOM 150	**HMR** ROOM 150	**HMR** ROOM 150
2	8:45 9:35	**ENG** ROOM 207	....	**ENG** ROOM 207	....	....
3	9:40 10:30	**PE** GYM	**MTH** ROOM 240	**HIS** ROOM 019		**HIS** ROOM 019
4	10:45 11:35		**LANG** ROOM 208	....	**LANG** ROOM 208	**MTH** ROOM 240
5	11:35 12:30	LUNCH				
6	12:35 1:25	....	**SCI** ROOM 220	**SCI** ROOM 220	....	**SCI** ROOM 220
7	1:30 2:20	**HIS** ROOM 019	**HIS** ROOM 019	....	**ENG** ROOM 207	**LANG** ROOM 208

① ② NOW... YOUR TURN

MANUEL ▶ p. 39

9 **Crée** un poster pour présenter la journée d'orientation de ton collège.
Liste en anglais les différents lieux de ton collège, quelques professeurs et les disicplines.
Rédige autant de phrases que tu peux.

My school has a cafeteria, ...
Mrs ... is the Math teacher.
You have...

Tu peux reprendre les phrases dans le poster et faire les changements nécessaires pour que les informations soient exactes.

N'OUBLIE PAS

→ L'ordre en anglais c'est S-V-C !

→ On met un « S » à la 3e personne du singulier au présent.

....

....

....

....

....

....

Pour chaque catégorie (lieux, professeurs, matières),
j'écris **1** phrase. ☐ ✸ j'écris **2** phrases. ☐ ✸✸ j'écris **3** phrases **ou plus**. ☐ ✸✸✸

Morning routine

MANUEL ▶ p. 40

1 **Entraîne-toi** à dire l'heure en anglais.

AM | PM

It's .... o'clock

It's 5 **to** ....

It's 10 **to** ....

It's quarter **to** ....

It's 25 **to** ....

It's 25 **to** ....

It's 5 **past** ....

It's 10 **past** ....

It's quarter **past** ....

It's 20 **past** ....

It's 25 **past** ....

It's half **past** ....

2 **Place** les aiguilles sur chaque horloge.

half past 5

quarter past 1

5 past 6

10 to 4

20 past 9

10 past 7

3 **Quelle heure** est-il ? Tu peux te faire aider par ton camarade.

4 PAIRWORK

a. **Place** les heures de ton choix sur deux horloges et **complète** les cases.
b. Puis, **écoute** ton camarade et **complète** les deux horloges suivantes.
c. **Comparez.**

TOI

TON CAMARADE

Act!

MANUEL ▶ p. 40

bordas.media/740133_015

5 **Écoute** le document et **complète** les informations manquantes.

Name: ....

Age: ....

Number of sisters: ....

His morning routine:

a. He .... at 7:03.

b. He .... with an orange polo and a pair of blue jeans.

c. After that, he has ....

d. Finally, he .... his hair, gets into the .... and meets his best ....

Check!

MANUEL ▶ p. 41

6 a. **Souligne** en bleu les deux personnes.

b. **Souligne** en vert le moment de la journée.

c. **Entoure** la pièce.

d. **Surligne** les deux habits.

Another thing Dad hates is how Mom still helps me get ready for school in the morning. She picks out my clothes the night before, and she has a chart hanging in the kitchen to help me stay on track.

But without that thing to guide me through the morning, I got the order of things all wrong and ended up wearing socks over my shoes.

①② ALMOST THERE

MANUEL ▶ p. 41

7 **Décris** ta routine matinale.
Choisis parmi les verbes suivants et **rédige** autant de phrases que tu peux.

wake up

take a shower

get dressed

have breakfast

brush my teeth

comb my hair

take the bus

go to school

I wake up at 7:00.

....

....

....

....

....

....

....

....

....

J'écris **2** phrases. ☐ ✸
J'écris **3** phrases. ☐ ✸✸
J'écris **4** phrases ou **plus**. ☐ ✸✸✸

MANUEL ▶ p. 42

Amuse-toi à mémoriser ton vocabulaire en famille ou avec tes amis.

1 **Trouve** les 10 matières scolaires cachées dans la grille et **traduis-les**.
Tu peux le faire le livre ouvert ✸ ou fermé ✸✸.

B	B	H	S	I	L	G	N	E	V	W
I	A	C	H	V	X	L	P	Y	F	A
O	B	N	J	M	U	S	I	C	I	V
L	T	E	B	J	L	N	H	M	A	B
O	U	R	C	I	M	E	U	A	O	K
G	E	F	R	G	M	D	B	T	D	D
Y	Y	J	R	I	C	Q	C	H	V	E
M	K	E	S	T	A	R	T	B	M	J
E	B	T	N	T	H	D	F	A	T	Z
P	R	Y	H	P	A	R	G	O	E	G
Y	N	C	B	H	I	S	T	O	R	Y
P	H	Y	S	I	C	A	L	B	D	F
E	D	U	C	A	T	I	O	N	H	L

1 Art .... arts plastiques
2 ....
3 ....
4 ....
5 ....
6 ....
7 ....
8 ....
9 ....
10 ....

✸✸ **2** **Complète** la grille de mots croisés à l'aide des définitions.

ACROSS
1. place where you have lunch
3. place where you have class
4. place where you have fun

DOWN
2. place between classrooms
5. place where you can read a book
6. place for Physical Education

3 a. **Légende** le dessin avec les mots de vocabulaire que tu as appris. Tu peux le faire le livre ouvert ✹ ou fermé ✹✹.

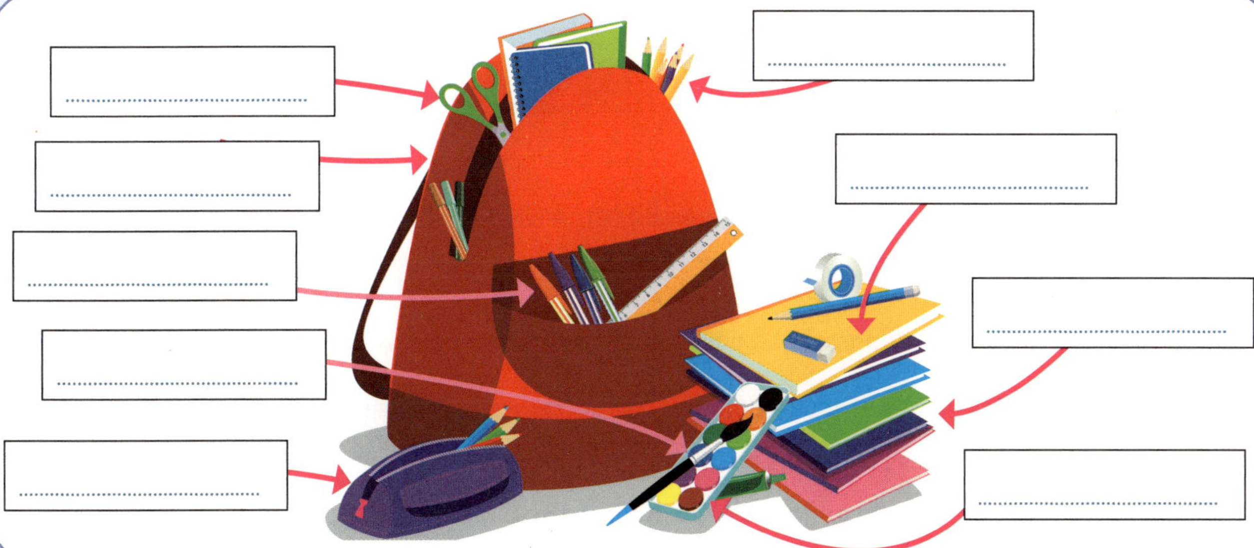

b. PAIRWORK **Choisis** 6 objets et **montre-les** à ton camarade. Puis, **inversez les rôles**. Avez-vous bien retenu le vocabulaire ? **Vérifiez** vos reponses ensemble.

✹ **4** **Relie** les mots dans la colonne de gauche à leur traduction à droite.

AM ●	● 1 heure
PM ●	● le matin
midnight ●	● midi
midday/noon ●	● minuit
1 o'clock ●	● l'après-midi

5 **Note** tes 12 mots préférés et **traduis-les**.

BONNE IDÉE

On retient mieux un mot s'il est placé au début d'une liste. **Écris** les mots les plus compliqués au début. **Note** les plus faciles à la fin.

Mes 12 mots

1. ....
2. ....
3. ....
4. ....
5. ....
6. ....
7. ....
8. ....
9. ....
10. ....
11. ....
12. ....

MANUEL ▶ p. 44

A. L'ordre des mots dans une phrase affirmative

RÉFLÉCHIS

a. Indique le nombre de mots par phrase.

J'adore mon école.	*I love my school.* ....
Mon école, je l'adore.	*I love my school.* ....
Nous avons anglais le lundi.	*We have English on Monday.* ....
Le lundi, on a anglais.	*We have English on Monday.* ....

b. Entoure les verbes dans les phrases anglaises et concentre-toi maintenant sur l'ordre des mots.

– Où se place le complément anglais ? Toujours .... le verbe.

– Où se place le sujet anglais ? Toujours au début de la phrase, ... le verbe.

– Quand on affirme, on respecte toujours l'ordre S-V-C = Sujet + V.................... + C.....................

– L'anglais utilise-t-il un autre ordre que S-V-C ? ☐ jamais ☐ parfois

c. Repère les 2 phrases françaises qui suivent l'ordre S-V-C.

On dit qu'il s'agit d'un « calque ». Il y a le même nombre de mots en anglais et en français et les mots sont placés dans le même ordre.

ENTRAÎNE-TOI

1 **Indique**, par oui ou non, si ces phrases suivent l'ordre « Sujet + Verbe + Complément ».

	oui	non
We speak English in class.	☐	☐
Nous parlons anglais en classe.	☐	☐
I have friends at school.	☐	☐
À l'école, j'ai des amis.	☐	☐
I love my teacher.	☐	☐
Mon professeur, je l'adore.	☐	☐

2 **Recopie** en respectant l'ordre S-V-C (Sujet + Verbe + Complément).

a. my school / I / love ....

b. your friends / help / You ....

c. English / We / have ....

3 **Traduis** ces phrases en anglais.

a. L'anglais, j'adore. ....

b. On a une bonne école. ....

c. Tes amis m'aident. ....

B. La routine au présent simple – forme affirmative

RÉFLÉCHIS

a. **Complète** la règle.

J'utilise le présent simple pour parler des ...., de la ....,
de ce qu'on fait tous les ....

b. **Traduis** en français et **compare** la conjugaison. *Help* (base verbale) = aider

I help: ....

You help: .... / vous ....

We help: nous .... / on ....

They help: ils / elles ....

Pour fabriquer le présent, c'est simple. J'utilise la ...., tout simplement.

ENTRAÎNE-TOI

4 **Traduis**, puis **chante** en slam la conjugaison de « speak English ».
Imagine une gestuelle pour la mettre en scène.

I speak, you speak, we speak, you speak, they speak English every day.

....

....

5 **Chante**, sur ce modèle, un autre verbe. **Choisis** parmi cette liste.

have fun = s'amuser – *sing a song* = chanter une chanson – *listen to music* = écouter de la musique – *write a letter* = écrire une lettre – *read a book* = lire un livre

C. Le -*S* du présent

RÉFLÉCHIS

Tu connais déjà la 3e personne de BE et de HAVE.

Elle a un assistant. = *She* .... *an assistant.*

Il est prêt. = *He* .... *ready.*

a. « is » et « has » s'emploient avec quels pronoms sujets ? **Entoure-les.**

I – you – he – she – it – we – they

b. Quel est le point commun entre « iS » et « haS » ? Ils finissent tous les deux par la lettre ....

c. **Compare** le français et l'anglais.

Tu parles anglais.	Elle parle anglais.	Il parle anglais.
You speak English.	*She speaks English.*	*He speaks English.*

Ce qui est vrai pour BE et HAVE est vrai pour tous les autres verbes.

- Un « S » au singulier, est-ce que tu trouveS cela bizarre ? ☐ oui ☐ non
- En français, nous ajoutons un « S » au verbe du présent quand le pronom sujet est ....
- En anglais, il faut ajouter un « S » au verbe du présent avec les sujets « he » , ... , ...

d. **Complète** le slogan :

Quand on parle de « il » ou .... au sing.................. , au pré.................., on met un .... et il s'entend !

ENTRAÎNE-TOI

6 **Repère** les verbes où l'ajout d'un « S » est néceSSaire. **Ajoute** en rouge les deux « S » oubliés.

a. We have .... an assistant.

b. He help.................. in class.

c. I need .... you.

d. My teacher need.............. help too.

7 **Traduis** ces phrases.

a. Tu aides. ....

b. L'assistant aide. ....

c. Tu aides l'assistant. ....

d. L'assistant t'aide. ....

8 Si tu as fini en avance, **traduis** ces quelques phrases supplémentaires.

a. Nous adorons l'anglais. ....

b. Mon professeur parle anglais. ....

c. J'aide les élèves en classe. ....

d. Mon ami préfère les mathématiques. ....

MANUEL ▶ p. 45

La prononciation du *-S* du présent simple

RÉFLÉCHIS

a. **Lis** cette phrase à voix haute en faisant bien siffler les « s » et les « z ». **Mémorise-la.**
« À la troizzième personne du ssingulier du présent sssimple, il y a un S et il sss'entend. »

- Ce « S » est représenté sous la forme de quel animal ? ....
- Pourquoi ? ....
- Combien y a-t-il de prononciations pour ce « S » ? 1, 2 ou 3 ? ....

b. **Lis** à voix haute et **repère** le son que tu entends à la fin du verbe.

- she i**s** – he ha**s**. Entends-tu le son /z/ ou le son /s/ ? Le son ....
- she need**s** – he love**s**. Entends-tu le son /z/ ou le son /s/ ? Le son ....

Le son ...., c'est la règle.

- she speak**s** – he repeat**s** – she respect**s** the rule.

Le son /z/ est-il facile ou difficile ici ? .... Le son /s/ est plus facile.

- she teach + /s/ ou she teach + /z/ ?

Est-ce difficile ou impossible à prononcer ? ....

Solution : teach+es (On ajoute un « E » !) Le son /ɪz/ permet d'entendre le « S » final.

L'anglais aime la facilité, la fluidité, le confort.

ENTRAÎNE-TOI

9 **Entends-tu** le son /z/, le son /ɪz/ ou le son /s/ ? **Coche** la bonne colonne. bordas.media/740133_016

	/z/	/ɪz/	/s/
Mrs. Top teache**s** English.			
She ha**s** a calendar.			
She change**s** the date every day.			
Sam i**s** an assistant.			
He like**s** music.			
He love**s** Jazz.			
He help**s** my teacher.			

10 **Recopie** les verbes suivants selon la prononciation du « S » final.
changes – finishes – has – helps – is – listens – looks – reads – sings – teaches – works – writes

AUTO-ÉVALUATION

MANUEL ▶ p. 50

J'AI RÉUSSI MES MISSIONS

Complète le tableau en cochant les missions que tu as faites.

		★	★★	★★★
Now … your turn	J'ai créé un poster.			
	J'ai décrit mon collège.			
Almost there	J'ai expliqué ma routine.			
	J'ai donné l'heure.			
Put it all together	Je me suis présenté/e.			
	J'ai présenté mon collège, les matières…			

CE QUE JE VEUX RETENIR

Écris en **rouge** tes erreurs. **Écris** en **vert** la correction.

My favourite mistakes

Souvent j'écris…	Ce que je dois écrire…
…………………………	…………………………
…………………………	…………………………
…………………………	…………………………

Pour ne plus faire les mêmes erreurs, tu peux les barrer plusieurs fois. Tu peux même les gribouiller. Écris plusieurs fois la forme correcte afin de bien la mémoriser.

CE QUE J'AI AIMÉ

Les trois belles choses que j'ai aimées dans cette unité !

J'ai adoré…………………………………………

J'ai bien rigolé quand…………………………………………

Je suis fier/fière de…………………………………………

MES BADGES

Collecte tes badges pour l'unité 1 et **colle-les** ici.

You did it!

POUR VÉRIFIER QUE J'AI TOUT COMPRIS

Je réussis à comprendre un récit audio.

bordas.media/740133_017

1. Écoute l'enregistrement plusieurs fois.

2. Dessine la trousse de Mary.

Je réussis à comprendre un texte court.

3. Note ce que tu as compris en français.

4. Rédige des phrases.

> I love my friends and I love my school. My favourite day is Wednesday. On Wednesdays, I have English at 9 and Science at 10. Then, we go to the library. The librarian helps me choose a book. At 11, we have IT and I have a computer just for me. At 12 my friend Pat has lunch with me in the cafeteria. In the afternoon, we have PE for two hours and I finish at 3.

Je réussis à écrire et à parler en anglais.

5. Complète le planning avec ce que tu fais chaque matin.

6. Écoute ton camarade et **complète** l'autre planning.

7. Comparez. Avez-vous noté la même chose ?

I wake up at 6 o'clock,
I get up at 5 past 6.

TOI — PLANNING

TON CAMARADE — PLANNING

Coche les cases en fonction de ce que tu as réussi.

J'ai dessiné	J'ai compris	J'ai écrit	J'ai dit
1 objet ☐ ★	**2** informations ☐ ★	**2** routines ☐ ★	**2** routines ☐ ★
2 objets ☐ ★★	**3** informations ☐ ★★	**3** routines ☐ ★★	**3** routines ☐ ★★
3 objets **et +** ☐ ★★★	**4** informations **et +** ☐ ★★★	**4** routines **et +** ☐ ★★★	**4** routines **et +** ☐ ★★★

2 MONSTERLAND

LET'S SING AND DANCE!

bordas.media/740133_018

MANUEL ▶ p. 57

Which witch is which?

Which witch is which?
Who is who?
What is your name?
And who are you?

Hello, my name is Mildred,
I have 13 cats.
They sleep in my house
And under my hat!

Chorus

Hello, my name is Salem,
I make cakes
With bats and rats
And lizards and snakes!

We are the witches!
You know who is who!
It's time, let's get going
'Coz there's oh so much left to do!

Quelle sorcière est laquelle ?

Quelle sorcière est laquelle ?
Qui est qui ?
Comment t'appelles-tu ?
Et qui es-tu ?

Bonjour, je m'appelle Mildred,
J'ai 13 chats.
Ils dorment à la maison.
Et sous mon chapeau !

Refrain

Je m'appelle Salem,
Je fais des gâteaux
avec des chauves-souris et des rats,
Et des lézards et des serpents !

Nous sommes les sorcières !
Vous savez qui est qui !
Il est temps, nous devons partir
Car, oh, il y a encore tant de choses à faire !

1 **Lis** les paroles de la chanson en français et en anglais.
Surligne les noms des animaux dans les deux versions.

2 **Barre** le mot qui n'est pas dans la chanson.
bats – lizards – spiders – snakes

3 **Barre** les mots qui ne sont pas dans la chanson.
scorpions – dogs – cats – bats – lizards – rats – spiders – snakes

Je lis **2 vers** à voix haute. ☐ ✹ Je lis **4 vers** à voix haute. ☐ ✹✹ Je lis **6 vers** à voix haute. ☐ ✹✹✹

Ready?

MANUEL ▶ p. 58

bordas.media/740133_019

1 **Place** les mots suivants dans la bonne case.

eye	hair	pigtail
scar	teeth	tooth

2 **Écoute** l'audio et **indique** le nom du monstre dans chaque carré de couleur.

3 **Complète** le tableau.

Le nom du monstre	....	....	....
Sa couleur	....	....	....
Nombre et couleur des yeux	.... eyes	.... eye	.... eyes
Autres détails	– .... –	– .... –	– .... – ....

Boo!

MANUEL ▶ p. 59

4 Dans le texte, **repère** les groupes D-A-N et

a. **souligne** les déterminants ;

b. **surligne** les adjectifs ;

c. **entoure** les noms.

The Loch Ness Monster is very mysterious!

Her name is Nessie! She lives in Scotland, in a lake called Loch Ness.

Nessie is **an invisible monster**.

She is very big and has **a very long neck**!

She is green or black or grey. We don't know.

She has **a big round face**.

She has two small eyes.

Maybe three, maybe four?

She has two short ears.

Is Nessie **a big snake** or **a big dinosaur**?

5 **Classe** les mots dans le tableau suivant.

	Déterminant	Adjectif	Nom
an invisible monster	....	....	....
a very long neck	....	....	....
a big round face	....	....	....
a big snake	....	....	....
a big dinosaur	....	....	....

6 **Dessine** ta version de Nessie.

① ② NOW... YOUR TURN

MANUEL ▶ p. 59

7 **Relie** chaque partie du corps au mot correspondant

arm
mouth
knee

head
hand
teeth
feet

8 **Associe** chaque monstre à sa description.

.... This green monster has three feet.

.... This green monster has three eyes.

.... This red monster has four feet.

.... This blue monster has two arms.

.... This red monster has two heads.

9 **Complète** la description du monstre en ajoutant « big » ou « small », une couleur et une partie du corps.

This monster has three big purple eyes.

This monster has ....

This monster has ....

This monster has ....

Where?

MANUEL ▶ p. 60

bordas.media/740133_020

1 **Recopie** les noms des lieux suivants sur la carte à l'aide de la carte du manuel.

Cambridge	Cardiff	Edinburgh	Liverpool
Loch Ness	London	Manchester	Oxford

2 **Lis** la liste de mots. **Écoute** l'enregistrement et **entoure** le nom des créatures que tu entends.

cats – bats – ghosts – lizard – mummy – rat – vampire – witch

3 **Écoute** une 2e fois et **numérote** les mots dans l'ordre dans lequel tu les entends.

1	un vampire	....	deux chauves-souris
....	deux fantômes	....	une momie
....	une sorcière	....	trois chats noirs
....	une citrouille	....	Nessie

4 **Réécoute** et **vérifie** l'ordre. Maintenant, **traduis** tous les mots en anglais.

un vampire	....
deux fantômes	....
une sorcière	....
une citrouille	....
deux chauves-souris	....
une momie	....
trois chats noirs	....

Je traduis **2** ou **3** mots. ☐ ★
Je traduis **4** mots ou **5** mots. ☐ ★★
Je traduis **plus de 5** mots. ☐ ★★★

5 Une sorcière a jeté un sort sur le texte et certaines lettres sont complètement mélangées.
Remets les lettres dans l'ordre pour trouver les mots.

There is a pirevma .... in London,
a wctih ....in Oxford,
a mummy in egmbridaC .... ,
a ipmpkun .... in Cardiff.
There are two bats in Levirloop .... ,
three klabc .... cats in Manchester,
two thssgo .... in Edinburgh,
and Nessie in Lcho .... Ness.

There?

MANUEL ▶ p. 60

6 Combien de fois ces mots apparaissent-ils dans le poème ?
Surligne-les, utilise une couleur différente pour chaque mot.

In a **dark**, **dark** place,
There is a **dark**, **dark** castle,
And in the **dark**, **dark** castle,
There is a **dark**, **dark** room,
And in the **dark**, **dark** room,
There is a **dark**, **dark** table,
And on the **dark**, **dark** table,
There is a **dark**, **dark** box[1],
And in the **dark**, **dark** box,
There is a **GHOST**!
Hoo-Hoo-Hoo! Haa-Haa-Boo!

[1] box = *boîte*

dark
☐ 14 fois ☐ 16 fois ☐ 18 fois

a
☐ 4 fois ☐ 5 fois ☐ 6 fois

the
☐ 4 fois ☐ 5 fois ☐ 6 fois

in
☐ 4 fois ☐ 5 fois ☐ 6 fois

on
☐ 1 fois ☐ 2 fois ☐ 3 fois

REMEMBER

MANUEL U2 ▶ p. 64 • There is
L'ordre D-A-N

7 Maintenant, c'est ton tour.
Crée le début de ton histoire qui fait peur en prenant les mots de ton choix dans les boîtes.
Respecte l'ordre 1, 2 puis 1, 3 comme indiqué dans cet exemple.

In a **dark, dark** (adjectif) **house.** (lieu) There is a **spooky, spooky** (adjectif) **monster.** (personnage)

1 Adjectifs	2 Lieux	3 Personnages
dark	classroom	creature
haunted	gym	monster
big	school	ghost
small		
spooky		
scary		

– In a ....

There is a ....

– In a ....

There is a ....

– In a ....

There is a ....

MANUEL ▶ p. 61

8 **Regarde** la vidéo et **note** ce que tu vois.
Puis, **écris** autant de phrases que tu peux.
Tu peux commencer tes phrases avec « There is » + singulier ou « There are » + pluriel.

bordas.media/740133_021

Use it!

- blue – red – yellow – purple – pink
- funny – cute – scary
- in – on – under – next to – between
- kitchen – living room – attic – laundry room (*buanderie*) – sofa

There are two blue monsters in the kitchen.

....

....

....

....

....

....

....

....

....

J'écris **1** phrase. ☐ ★
J'écris **2** phrases. ☐ ★★
J'écris **3** phrases **ou plus**. ☐ ★★★

MANUEL ▶ p. 62

Amuse-toi à mémoriser ton vocabulaire en famille ou avec tes amis.

1 **Mets** le numéro correspondant à chaque préposition dans les cases.
Recopie les prépositions dans les bonnes cases.

1. in **2.** on **3.** under **4.** in front of **5.** behind **6.** between

....

....

....

....

....

....

2 **Complète** cette grille de mots croisés en écrivant la traduction des mots dans les cases correspondantes.

1. salon
2. chambre
3. grenier
4. cuisine
5. salle à manger
6. salle de bains

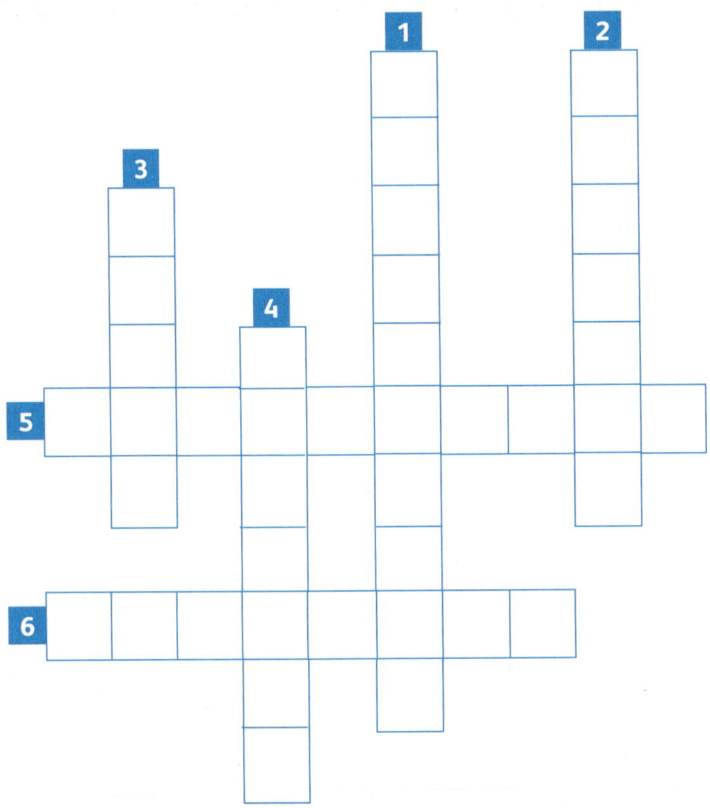

3 **Entoure** les 8 mots d'Halloween dans cette grille de mots cachés.

N	I	K	P	M	U	P	R
V	J	X	U	U	M	E	G
L	A	A	C	M	D	H	C
O	E	M	V	I	O	P	A
O	D	T	P	S	F	E	S
I	A	S	T	I	C	A	T
B	Q	Z	N	T	R	Y	L
W	I	T	C	H	W	E	E

4 **Recopie** les 8 mots et **traduis-les**.

MOT CACHÉ	TRADUCTION
1	
2	
3	
4	
5	
6	
7	
8	

5 **Note** tes 14 mots préférés et **traduis-les**.

BONNE IDÉE

Pour les apprendre, tu peux les **recopier**, **réciter à un camarade** ou te lever et **apprendre en marchant**.

Mes 14 mots

1 ....
2 ....
3 ....
4 ....
5 ....
6 ....
7 ....
8 ....
9 ....
10 ....
11 ....
12 ....
13 ....
14 ....

MANUEL ▶ p. 64

A. L'ordre du Groupe Nominal D-A-N

RÉFLÉCHIS

Écris les 3 mots correspondant à l'ordre D-A-N.

D.................................... A.................................... N....................................

- Qu'est-ce qui se place à la fin du Groupe ?

☐ le déterminant ☐ l'adjectif ☐ le nom

- Qu'est-ce qui se place au début du Groupe ?

☐ le déterminant ☐ l'adjectif ☐ le nom

- Qu'est-ce qui se place au milieu du Groupe ?

☐ le déterminant ☐ l'adjectif ☐ le nom

ENTRAÎNE-TOI

1 **Coche** les 2 groupes de mots qui respectent l'ordre D-A-N.

☐ an old witch ☐ a cat black ☐ your story scary ☐ my new potion

2 **Complète** avec des mots de ton choix.

my .... poem your .... story

a new .... your orange ....

3 **Place** 3 mots D-A-N en désordre dans chaque citrouille. PAIRWORK
Demande à un camarade de rétablir l'ordre.

....

....

....

B. Il y a : *There is / There are*

RÉFLÉCHIS

There is a cat. Il y a un chat.

There are two cats. Il y a deux chats.

a. Compte les mots de chaque phrase.

En anglais, il y a .... mots. En français, il y a .... mots.

b. Entoure les verbes et complète les phrases suivantes.

En anglais, il y a le verbe .... En français, il y a le verbe ....

c. Coche la bonne réponse.

L'anglais ne traduit pas mot à mot l'expression « il y a ». ☐ vrai ☐ faux

d. Repère le singulier et le pluriel du mot « cat » et fais le lien avec « is » ou « are ».
Que remarques-tu ?

....

....

ENTRAÎNE-TOI

4 **Ajoute** « is » ou « are ».

a. There .... a haunted castle.

b. There .... two monsters and there .... a ghost.

5 **Choisis** « there is » ou « there are ».

There! A castle! *There is a castle!*

There! Two castles! *There are two castles!*

a. There! A spider! ....

b. There! Three witches ....

c. There! Two monsters! ....

d. There! A bat! ....

6 **Traduis** ces phrases.

a. Il y a deux chats noirs. ....

b. Il y a de petites chauves-souris. ....

c. Il y a un fantôme blanc dans le château hanté. ....

C. Le pluriel anglais

RÉFLÉCHIS

Vrai ou faux ?

Le déterminant anglais porte un ***-S*** final dans un groupe au pluriel.	☐ vrai	☐ faux
L'adjectif anglais se met au pluriel.	☐ vrai	☐ faux
Le nom est le seul à porter la marque ***-S*** du pluriel.	☐ vrai	☐ faux

ENTRAÎNE-TOI

7 **Raye** les ***-s*** en trop.

twos horribles monsters   mys blacks cats   thes smalls ghosts

8 **Ajoute** les ***-s*** qui manquent.

two small bat ....

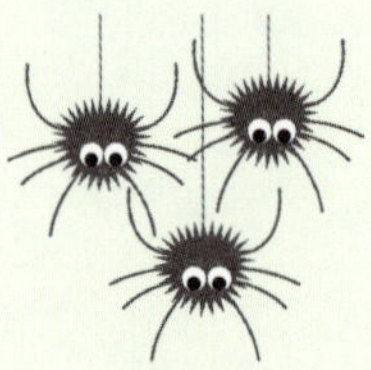

three grey spider ....

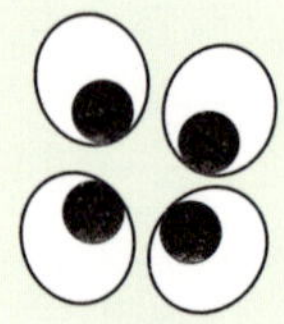

four white eye ....

Combien de ***-s*** as-tu ajouté ? ....

9 **Traduis** en français.

two black bats

....

....

one white ghost

....

....

two horrible monsters

....

....

three white ghosts

....

....

MANUEL ▶ p. 65

L'anglais choisit ce qui est le plus facile à prononcer !

La marque du pluriel se remarque

10 **Écoute** et **recopie** chaque mot dans la bonne colonne. bordas.media/740133_022

	/ɪz/	/s/	/z/
cats	....	....	....
witches	....	....	....
vampires	....	....	....
ghosts	....	....	....
noses	....	....	....
monsters	....	....	....
rats	....	....	....

11 **Écoute** et **classe** les mots sous le bon dessin. bordas.media/740133_023

cats
witches
vampires
ghosts
oranges
monsters
rats

hats /s/

....
....
....

pumpkins /z/

....
....
....

noses /ɪz/

....
....
....

12 **Trace** un chemin qui passe par les mots /ɪz/.

START HERE!

places	vampires	houses	boxes	potions
witches	buses	noses	oranges	lizards
castles	spiders	toes	voices	costumes

FINISH HERE!

AUTO-ÉVALUATION

MANUEL ▶ p. 70

J'AI RÉUSSI MES MISSIONS

Complète le tableau en cochant les misssions que tu as faites.

		★	★★	★★★
Now … your turn	J'ai créé un monstre.			
	Je l'ai décrit.			
Almost there	J'ai rédigé une histoire.			
	J'ai fait la *voix-off*.			
Put it all together	J'ai écrit une histoire.			
	Je l'ai racontée grâce à une carte *pop-up*.			

CE QUE JE VEUX RETENIR

Écris en **rouge** tes erreurs. **Écris** en **vert** la correction.

My favourite mistakes

Souvent j'écris...	Ce que je dois écrire...
....	....
....	....
....	....

Tu peux en faire un post-it et t'en servir dès que tu en as besoin, notamment pendant les évaluations.

CE QUE J'AI AIMÉ

Les trois belles choses que j'ai aimées dans cette unité !

J'ai adoré…..

J'ai bien rigolé quand… ....

Je suis fier/fière de…..

MES BADGES

Collecte tes badges pour l'unité 2 et **colle-les** ici.

You did it!

POUR VÉRIFIER QUE J'AI TOUT COMPRIS

Je réussis à comprendre un récit audio.

bordas.media/740133_024

1. **Écoute** l'enregistrement.
2. **Dessine** les monstres selon la description.

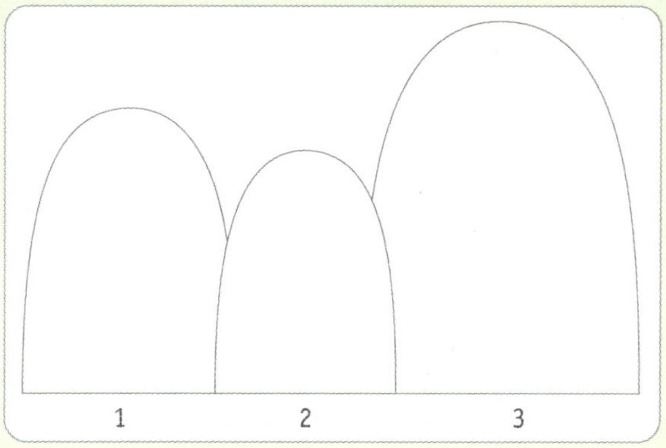

Je réussis à comprendre un texte court.

3. **Traduis** les phrases suivantes en français.

There is a monster in my bedroom.
He has three arms, four legs, a long nose and two big eyes. He is funny!
There are two small cats and a big black bat.
One cat is under the table.
An orange pumpkin is on the bed.

....

....

....

....

....

Je réussis à écrire et à parler en anglais.

4. **Place** un monstre ou un objet dans chaque pièce.
5. **Décris** ta maison hantée.

There is a skeleton in the living room.
He is next to a giant spider.

....

....

....

....

....

....

....

....

....

Coche les cases en fonction de ce que tu as réussi.

J'ai dessiné	J'ai traduit	J'ai écrit	J'ai dit
1 monstre ☐ ★	**1** phrase ☐ ★	**1** phrase ☐ ★	**1** phrase ☐ ★
2 monstres ☐ ★★	**2** ou **3** phrases ☐ ★★	**2** ou **3** phrases ☐ ★★	**2** ou **3** phrases ☐ ★★
3 monstres ☐ ★★★	**+ de 3** phrases ☐ ★★★	**+ de 3** phrases ☐ ★★★	**+ de 3** phrases ☐ ★★★

3 Visiting New York City

LET'S SING AND DANCE!

bordas.media/740133_025

MANUEL ▶ p. 75

Happy holidays in New York City!

Happy holidays in New York City
Everyone is getting ready
Decorations, Christmas trees
Candy cane and holly

Santa Claus is coming
With gifts for all the children
So let's put our stockings out
On Christmas eve

Happy holidays in New York City
The snowflakes falling, it looks so pretty
Let's ice skate and play with friends
Do you love this city?

Chorus

Joyeuses fêtes à New York !

Joyeuses fêtes à New York
Tout le monde se prépare
Décorations, arbres de Noël
Sucre d'orge et houx

Le Père Noël arrive
Avec des cadeaux pour tous les enfants
Alors, sortons nos chaussettes
La veille de Noël

Joyeuses fêtes à New York
Les flocons de neige qui tombent, c'est si joli
Faisons du patin à glace et jouons avec les amis
Aimez-vous cette ville ?

Refrain

1 **Surligne** tous les mots de la chanson qui sont en lien avec Noël.

2 a. **Quels mots** commencent avec la lettre « h » ?

....

b. En anglais, la lettre « h » est en général bien marquée /h/. Mais attention à ne pas exagérer ! **Répète** les mots que tu as trouvés dans la chanson.

c. Puis, **répète** la phrase suivante en faisant attention à ne pas ajouter un « h » au mot « eat ». **Entraîne-toi** à la dire le plus rapidement possible !
How many hamburgers can a happy hamster eat?

d. Maintenant, amuse-toi à **créer** ta propre phrase et à la faire **répéter** par un camarade. Voici d'autres mots pour t'aider.

have – house – history – hall – hair – hand

....

Je lis **2 vers** à voix haute. ☐ ✷ Je lis **4 vers** à voix haute. ☐ ✷✷ Je lis **6 vers** à voix haute. ☐ ✷✷✷

New York, New York

MANUEL ▶ p. 76

1 **Complète** la carte en plaçant les numéros au bon endroit.

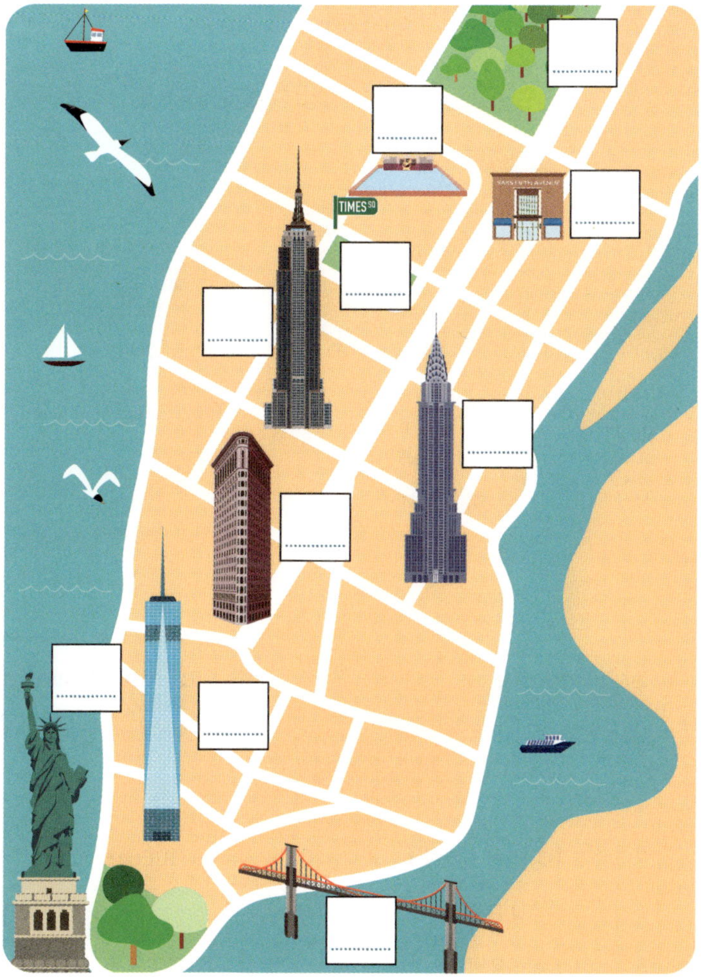

1. Rockefeller Center ice rink
2. Central Park
3. Saks 5th Avenue
4. Bryant Park
5. Empire State Building
6. Brooklyn Bridge
7. Freedom Tower
8. Statue of Liberty
9. Flatiron Building
10. Chrysler Building

REMEMBER

MANUEL U2 ▶ p. 63
Les prépositions de lieu

2 **Complète** les 5 phrases.
Utilise les prépositions vues dans l'unité 2 « Monsterland ».

behind – between – in – in front of – on – under

*The Freedom Tower is **next to** the Statue of Liberty.*

The Chrysler Building ....

The Rockefeller Center ....

The Statue of Liberty ....

Saks ....

Central Park ....

A city that never sleeps

MANUEL ▶ p. 76

bordas.media/740133_026

3 **Regarde** la vidéo en entier et **choisis** les bonnes réponses.
Il peut y avoir plusieurs bonnes réponses à chaque fois !

1. Jon and Adriana are in
   - **a.** Manhattan. ☐
   - **b.** New York City. ☐
   - **c.** a department store. ☐

2. They are
   - **a.** at The Rockefeller Center. ☐
   - **b.** at The Freedom Tower. ☐
   - **c.** on 5th Avenue. ☐

3. Adriana thinks NYC at Christmas is
   - **a.** sad. ☐
   - **b.** magic. ☐
   - **c.** cold. ☐

4. Jon says the Christmas tree is
   - **a.** not large. ☐
   - **b.** large. ☐
   - **c.** famous. ☐

4 **Écoute** à nouveau le début de la vidéo et **complète** ce que dit Adriana avec les mots suivants.

cold	happy	lights	magic	music

Yes Sir, you have to come once in your life to see how Christmas is here because it's .... You hear .... everywhere. You see .... everywhere. People seem .... And it's ....

5 **Décris** la visite de New York. **Imagine** la conversation entre Jon et Adriana.

Jon: Are you happy to be in New York City? **Adriana**: ....

Jon: Are you cold? **Adriana**: ....

Jon: What do you see on 5th Avenue? **Adriana**: On 5th Avenue, you see the ....

Jon: What do you hear? **Adriana**: You hear ....

Jon: Do you celebrate Christmas? **Adriana**: Yes, ... / No, ...

Top of the list!

MANUEL ▶ p. 77

REMEMBER

MANUEL U2 ▶ p. 64
There is – There are

6 **Décris** ce que tu vois sur l'image. Tu peux utiliser « There is » et « There are ».

There is ....

....

....

There are ....

....

....

The toy soldier is ....

....

....

7 a. **Souligne** en **bleu** toutes les informations qui concernent les touristes.
b. **Souligne** en **rouge** toutes les informations concernant Lucy.
c. Puis, **complète** en français les deux phrases pour expliquer ce que tu as compris.

A Christmas Lights Tour in Brooklyn

An extravagant tradition happens in Brooklyn at Christmas. This borough becomes[1] a city of lights and 100,000 tourists come **every year** to see the decorations. Everyone always[2] receives **candy canes** and souvenir **fridge magnets** to take home! Lucy Spata decorates her house **every year**. She loves this colourful tradition. People often[3] visit her house. It's beautiful at Christmas and they enjoy the crazy lights. And what about you? Do you love Christmas? Do you like Christmas decorations? Do you decorate your house?

[1] becomes = *devient* [2] always = *toujours* [3] often = *souvent*

– Les touristes ....

– Lucy ....

8 Dans un texte, il est normal de ne pas comprendre tous les mots.
C'est comme un jeu de devinettes. **Essaie de deviner** le sens des mots en t'aidant des indices donnés.

Candy cane

Un des deux mots s'emploie aussi en français.
Quel objet de cette forme mange-t-on souvent à Noël aux États-Unis ?

Solution : ....

Every year

Tu connais déjà un mot. Il est dans l'unité « English is great! » page 27 du manuel.

Solution : ....

Fridge magnet

Tu as vu un mot dans la maison fantôme de l'unité « Monsterland » page 61 du manuel. L'autre mot est aussi utilisé en français.

Solution : ....

9 PAIRWORK

Interroge ton camarade sur ce qu'il aime faire pendant les vacances.
Écris ses réponses.

Toi : Do you love the Christmas holidays?

Ton camarade : Yes I do. / No, I don't.

Toi : Do you like the decorations?

Ton camarade : ....

Toi : Do you decorate your house?

Ton camarade : ....

Toi : Do you like snow?

Ton camarade : ....

Toi : Do you like winter?

Ton camarade : ....

Toi : And do you decorate your living room?

Ton camarade : ....

① ② NOW... YOUR TURN

MANUEL ▶ p. 77

10 **Imagine** que tu es à New York et que tu vas **écrire** une carte de Noël.
Commence par **coller** une image ou par **dessiner** ce que tu veux dans l'espace ci-dessous.
Écris une légende sous la carte.

11 Puis, **recopie** le texte dans la carte en choisissant tes propres mots.

Dear best friend,

I always walk in the park on Monday. Central Park is next to Saks Fifth Avenue.
I sometimes...
I often...

At Christmas, I always buy presents in the department stores.
I love the decorations.
I don't like the cold!

Do you like Christmas?
Do you love snow?

XXX,
Sara

Pour chaque rubrique (lieux visités – emplacements – fréquence),
j'écris **1** phrase. ☐ ✸ j'écris **2** phrases. ☐ ✸✸ j'écris **3** phrases **ou plus.** ☐ ✸✸✸

Oh, what a funny city!

MANUEL ▶ p. 78

1 **Complète** la grille de mots croisés en traduisant les mots suivants.
Tu peux le faire le livre ouvert ✱ ou fermé ✱✱.

ACROSS
2. décoration
4. Père Noël
5. rencontrer
7. acheter

DOWN
1. cadeau
3. lutins
4. voir
6. jouet

REMEMBER

MANUEL U2 ▶ p. 63, 64
Les prépositions de lieu
D-A-N ; There is

2 **Décris** l'image et **révise** « There is… There are… », les prépositions et D-A-N (Déterminant – Adjectif – Nom).

There is Santa Claus. There is… in front of…
There are toys. There are… next to…

REMEMBER

MANUEL U2 ▶ p. 63
Les prépositions de lieu

3 **a. Rédige** quelques phrases et **révise** les prépositions.

behind – between – in – in front of – next to – on – under

Where is the pink decoration?
The pink decoration is on the Christmas tree.

Where is the blue gift? ....

Where is the teddy bear? ....

Where is the blue balloon? ....

Where is the ball? ....

Where is the blue car? ....

b. PAIRWORK **Invente** tes propres questions et **pose-les** à ton camarade.

Oh, what an exciting city!

MANUEL ▶ p. 78

bordas.media/740133_027

4 Avant de regarder la vidéo, prends le temps de **décrire** la photo.

There is a red mailbox.

....

5 **Regarde** la vidéo. **Relie** les images avec les paroles entendues.

Are you sure the letters will get to Santa?	Hurry up!	Come on! Wait for me!	Hi Virginia!

6 **Imagine** les personnages : leur nom, leur âge, ce qu'ils aiment faire et n'aiment pas faire. **Écris** autant de phrases que tu peux.

There is one girl, and there are three boys. The girl is Virginia. She is 6 years old. She likes... She doesn't like... The boys are...

....

....

....

....

....

....

7 PAIRWORK Et toi, que fais-tu habituellement pendant les vacances ? **Coche** les activités que tu souhaites faire. Puis, **interroge** ton camarade.

Do you always watch a film?
Est-ce que tu regardes toujours un film ?
Yes, I do. I always watch a film.
No, I don't. I never watch a film.

- ☐ always watch a film
- ☐ always have fun with my friends
- ☐ always read a book
- ☐ sometimes walk in nature
- ☐ sometimes go shopping
- ☐ sometimes buy a present
- ☐ often help a friend
- ☐ often cook cookies

Oh, what a delicious city!

MANUEL ▶ p. 79

8 Est-ce que tu aimerais manger dans ce restaurant ? **Rédige** un avis sur son site internet.

I love this restaurant! It is my favourite. The turkey is... I always...
I don't like this restaurant. I don't like... And I don't eat...

○○○○○ 22. Dec. 2023

A fantastic restaurant

....

....

....

①② ALMOST THERE

MANUEL ▶ p. 79

9 **Crée** ton Père Noël et **décris-le**.

My Santa wears... He always has...
He doesn't wear... He never has...

....

....

....

....

....

....

....

J'écris **1** phrase. ☐ ✸ J'écris **2** phrases. ☐ ✸✸ J'écris **3** phrases **ou plus**. ☐ ✸✸✸

MANUEL ▶ p. 80

Amuse-toi à mémoriser ton vocabulaire en famille ou avec tes amis.

1 **Joue** au jeu avec tes camarades et **apprends** ton vocabulaire sur les habits et sur Noël.
Tu peux le faire le livre ouvert ✷ ou fermé ✷✷.

Christmas Board Game

2 **Relie** le mot anglais à sa traduction française.

breakfast	bonhomme en pain d'épices
lunch	petit-déjeuner
dinner	gâteau de Noël
Christmas **pu**dding	dîner
gingerbread man	déjeuner
turkey	dinde

3 **Complète** les encadrés avec ce que tu fais pendant les vacances. **Choisis** parmi les verbes suivants :

buy / give a gift – go to the store – ice skate – meet my family – see a friend – visit a museum – walk in a park – write a card

always	often	sometimes	never
....	....	....	....
....	....	....	....
....	....	....	....

Finis ces phrases avec les verbes dans la liste ou, encore mieux, **choisis** les verbes que tu préfères.

During the holidays, I always see my friends, and I always give a gift.

During the holidays, I always ...., and I ....

I often ...., and I .... I sometimes ....,

and I .... I never ...., and I ....

4 **Note** tes 8 mots préférés et **traduis-les**.

Mes 8 mots

1. ....
2. ....
3. ....
4. ....
5. ....
6. ....
7. ....
8. ....

BONNE IDÉE

Crée tes propres « fiches ».
Écris les mots en français d'un côté et les mots en anglais de l'autre. Mélange les fiches et demande à ton camarade de te faire réviser !

GRAMMAIRE

MANUEL ► p. 82

A. L'auxiliaire *DO* et les questions au présent

Un auxiliaire, c'est une chose ou une personne qui aide.

SOUVIENS-TOI **En anglais, chaque mot a sa place.**

- Quand on affirme, quel est l'ordre à respecter : S-V-C ou S-V-P ? ....

(S .... - V .... - C ....).

- Quand on veut affirmer, où se place le sujet ? en premier ou en dernier ? ....
- Donc, dans une question il est impossible de commencer par le sujet. ☐ vrai ☐ faux ☐ j'hésite

RÉFLÉCHIS

a. Entoure « es » en français et « are » en anglais dans ces questions.

1. Est-ce-que tu es américain ? *Are you American?*

2. Es-tu américain ? *Are you American?*

3. Tu es américain ? *(langue orale)* *Are you American?*

- Combien avons-nous de façons de poser des questions en français ? 1, 2, ou 3 ? ....
- Combien y en a-t-il en anglais ? 1, 2, ou 3 ? **Seulement** ....
- Où se place le verbe BE ici ? Au début de la **q**.......... avant le **s**.......... .

b. Entoure les verbes « vis » en français et « live » en anglais dans ces questions.

1. Est-ce que tu vis à New York ? *Do you live in New York?*

2. Vis-tu à New York ? *Do you live in New York?*

3. Tu vis à New York ? *(langue orale)* *Do you live in New York?*

- Par quel mot commence la question anglaise ? Par ....

c. Complète la règle de fabrication des questions en anglais.

– DO et BE sont des verbes auxiliaires. Pour poser une question en anglais, il faut commencer par un **a**.......... qui se place devant le **s**.......... .

– BE est le seul verbe qui peut se placer devant son sujet.

– Si BE n'est pas là, on place .... au début de la question .

L'ordre de la question correspond alors au schéma : « DO + ... + ... + ... ? »

d. Aide-mémoire. **Entoure** ce qui est correct.

« Quand on veut affirmer, on place le sujet *en premier / en second*,

quand on pose une question, le sujet se place *en premier / en second !* »

ENTRAÎNE-TOI

1 **Entoure** les sujets. **Ajoute** un point d'exclamation ou un point d'interrogation.

a. You are late..... **b.** Are you sick..... **c.** Do you want help..... **d.** Yes, please, I need help.....

2 **Complète** avec « DO you » ou « ARE you ».

a. .... American?
b. .... live in New York?
c. .... a New Yorker?
d. .... like winter in New York?

3 Cet élève a traduit mot à mot et il a oublié « DO ». **Corrige** chaque question.

a. Tu aimes Noël ? *You like Christmas?* ....
b. Tu fêtes Noël ? *You celebrate Christmas?* ....
c. Tu préfères quoi ? *You prefer what?* What ....

B. *DO* et la forme négative du présent

RÉFLÉCHIS

a. *I am* ***not*** *from New York.* — Je **ne** suis **pas** de New York.
b. *We are* ***not*** *New Yorkers.* — Nous **ne** sommes **pas** new yorkais.
c. *I do* ***not*** *live in New York.* — Je **ne** vis **pas** à New York.
d. *We do* ***not*** *live in New York.* — Nous **ne** vivons **pas** à New York.

- En français, dans une phrase négative, « ne ... pas » encadre le v ....
- Quel mot négatif apparaît dans CHAQUE phrase anglaise ? ....
  C'est la négation anglaise. La négation en anglais se dit ....
- Où se place la négation NOT ? Après ou avant BE et DO ? ....
- Les verbes autres que BE ont besoin de l'auxiliaire .... pour porter la négation.
  DO + NOT = ...

DO, aide-nous !

ENTRAÎNE-TOI

4 Dans chaque paire de phrases, **recopie** la phrase qui est vraie pour toi.

a. I like snow. / I don't like snow. ....
b. I live in New York. / I don't live in New York. ....
c. I go to New York at Christmas. / I don't go to New York at Christmas. ....

5 **Ajoute** « not » ou « don't », pour que ces phrases deviennent vraies.

a. New York is .... the capital of the USA.
b. Children are .... sad *(tristes)* in New York.
c. We .... celebrate Christmas in March.
d. We .... eat Christmas pudding in France.

6 **Imagine** et **écris** dans ton cahier la scène des verbes qui appellent à l'aide l'auxiliaire DO. **Joue-la** avec un camarade.

C. *DO* devient *DOES* avec *he, she, it*

SOUVIENS-TOI

À la 3e personne du singulier, on ajoute un « S » à la base verbale.

RÉFLÉCHIS

a. Ma ville dort la nuit. — *My city sleeps at night.*
b. Est-ce que New York dort ? — *Does New York sleep?*
c. New York ne dort pas. — *New York doesn't sleep.*

- À la forme affirmative, à la 3e personne du singulier, on ajoute un .... au verbe.
- Que devient ce « S » aux formes négative et interrogative ? ....
- Pourquoi peut-on dire que DO est fort comme tout ? ....

7 Cet élève a fait 2 erreurs. **Entoure** les 2 « S » qui sont en trop.

a. Does your city sleeps?

b. My city sleeps at night and it is beautiful.

c. New York doesn't sleeps.

8 **Dessine** *DO* sous forme de bras musclé qui porte le « S » du verbe.

9 Scrooge, le personnage d'un conte de Noël écrit par Charles Dickens, a horreur de Noël.
Complète ce texte qui raconte ce qu'il ne fait pas ce jour-là.

Scrooge doesn't celebrate Christmas. He .... say "Merry Christmas!".

He doesn't .... a Christmas tree.

He doesn't eat .... and ....

He doesn't ....

PRONONCIATION

MANUEL ▶ p. 83

A. La prononciation de *DO YOU?*

10 **Écoute** et **répète.** bordas.media/740133_028

a. La prononciation d'un robot : « Do – you – live – in – New – York? »
b. La prononciation courante.

- Dans quel cas le « do » est-il avalé ? ☐ a. ☐ b.
- Dans quel cas « Do you? » est-il prononcé en 1 seul souffle ? ☐ a. ☐ b.
- Dans quel cas entends-tu /dj ɣ/ au début de la question ? ☐ a. ☐ b.

11 **Écoute** et **coche**, selon que tu entends le robot (a) ou l'anglais courant (b).
bordas.media/740133_029

	Robot	Anglais courant
Phrase 1		
Phrase 2		
Phrase 3		

12 **Lis** à voix haute.
Entraîne-toi à prononcer /dj ɣ/.

a. Do you live here?
b. Do you speak English?
c. Do you like English?
d. Do you understand?

B. L'intonation des questions

13 **Écoute** ces questions. **Coche** la réponse qui convient. bordas.media/740133_030

a. Do you live in New York City? La voix monte ☐ baisse ☐
b. Where do you go for the holidays? La voix monte ☐ baisse ☐
c. Do you love winter in Manhattan? La voix monte ☐ baisse ☐
d. What activity do you prefer? La voix monte ☐ baisse ☐

14 **Dictée. Réécoute** ces 4 questions. **Écris-les. Ajoute**, à la fin, la flèche d'intonation montante (↗) ou descendante (↘) . bordas.media/740133_031

....

....

....

....

AUTO-ÉVALUATION

MANUEL ▶ p. 88

J'AI RÉUSSI MES MISSIONS

Complète le tableau en cochant les missions que tu as faites.

		✹	✹✹	✹✹✹
Now … your turn	J'ai créé ma carte postale de Noël.			
	J'ai décrit ma semaine à New York.			
Almost there	J'ai décrit l'un des Pères Noël.			
	J'ai décrit mon Père Noël.			
Put it all together	Ma brochure est bien présentée.			
	J'ai décrit le programme de visites.			

CE QUE JE VEUX RETENIR

Écris en **rouge** tes erreurs. **Écris** en **vert** la correction.

My favourite mistakes

Souvent j'écris…	Ce que je dois écrire…
....	....
....	....
....	....

Écris trois fois ce que tu veux retenir. Puis entraîne-toi à le réécrire sur une feuille de brouillon sans regarder ton cahier. Si tu fais toujours la même erreur, demande à un camarade de te faire réciter. On travaille souvent mieux à deux !

CE QUE J'AI AIMÉ

Les trois belles choses que j'ai aimées dans cette unité !

J'ai adoré… ....

J'ai bien rigolé quand… ....

Je suis fier/fière de… ....

MES BADGES

Collecte tes badges pour l'unité 3 et **colle-les** ici.

You did it!

POUR VÉRIFIER QUE J'AI TOUT COMPRIS

Je réussis à comprendre un récit audio.

bordas.media/740133_032

1. Écoute l'enregistrement plusieurs fois.

2. Dessine le Père Noël.

Je réussis à comprendre un texte court.

3. Écris ce que tu as compris en français. **Note** ce que chaque membre de la famille aime et n'aime pas.

> Hi! I'm Sophia. My mother is a very good cook. Every holiday, she makes delicious warm brownies and excellent cookies. I always help my mother decorate the cookies. I don't like brownies. I like white chocolate cookies with marshmallows! My brother doesn't like cookies and he doesn't like brownies. He likes candy canes and Christmas pudding.

....

....

....

....

....

....

....

Je réussis à écrire et à parler en anglais.

4. Note ce que tu aimes faire pendant les vacances. Pense à utiliser les adverbes de fréquence.

I often skate in the park.

....

....

5. Prépare une ou plusieurs questions à poser à ton camarade.

Do you see your friends?

....

....

Coche les cases en fonction de ce que tu as réussi.

J'ai dessiné	J'ai compris	J'ai écrit ce que j'aime faire	J'ai dit ce que j'aime faire
2 éléments ☐ ✹	**5** mots ☐ ✹	**1 ou 2** phrases ☐ ✹	**1** chose ☐ ✹
3 éléments ☐ ✹✹	ce qu'aime **Sophia** ☐ ✹✹	**3** phrases ☐ ✹✹	**2** choses ☐ ✹✹
4 éléments **et +** ☐ ✹✹✹	ce qu'aime **un membre de la famille** ☐ ✹✹✹	**+ de 3** phrases ☐ ✹✹✹	**3** choses **et +** ☐ ✹✹✹

4 Friendship IS MAGIC

LET'S SING AND DANCE!

bordas.media/740133_033

MANUEL ▶ p. 95

Best Friends Forever!

Me and my friend we're different
But that's OK
We laugh and chat and help each other
Every day

I like eating chocolate but she prefers ice cream
If I'm scared, I'm quiet, but she prefers to scream
I like splashing in the pool, but he prefers to dive
I go to school on foot but he prefers to drive

Me and my friend we're different
But that's OK
We laugh and chat and help each other
Every day

I like practicing guitar, but she prefers to sing
I really like winter but she prefers the spring
I like reading a magazine but he prefers a book
I like ordering takeout but he prefers to cook

Chorus

Meilleurs amis pour la vie !

Moi et mon ami nous sommes différents
Mais, ce n'est pas un problème
Nous rions et discutons et nous nous entraidons
Chaque jour

J'aime manger du chocolat, mais elle préfère les glaces
Si j'ai peur, je me tais, mais elle préfère hurler
J'aime éclabousser dans la piscine, mais il préfère plonger
Je vais à l'école à pied, mais il préfère conduire

Moi et mon ami nous sommes différents
Mais, ce n'est pas un problème
Nous rions et discutons et nous nous entraidons
Chaque jour

J'aime jouer de la guitare, mais elle préfère chanter
J'aime beaucoup l'hiver, mais elle préfère le printemps
J'aime lire un magazine, mais il préfère un livre
J'aime commander un plat à emporter, mais il préfère cuisiner

Refrain

B **Surligne** tous les mots de la chanson qui sont en lien avec l'amitié.

C a. **Quels autres mots** dans la chanson ont le même son voyelle ?

very g**oo**d /ʊ/ .... c**oo**l /uː/ ....

b. **Souligne** les mots qui ont le son /ʊ/ au crayon de papier et les mots qui ont le son /uː/ en noir.

c. **Connais-tu** d'autres mots avec les mêmes sons ?

/ʊ/ (: un dessert de Noël ou le verbe « regarder ») : ....

/uː/ (: un vêtement, une couleur, une partie du corps) : ....

d. Maintenant, **amuse-toi** à dire cette phrase rapidement 3 fois.

A cool cook cooks in a blue school pool.

Je lis **2 vers** à voix haute. ☐ ✷

Je lis **4 vers** à voix haute. ☐ ✷✷

Je lis **6 vers** à voix haute. ☐ ✷✷✷

Smart

MANUEL ▶ p. 96

bordas.media/740133_034

1 **Relie** chaque début de phrase à la fin qui convient. Puis, **écoute** l'enregistrement et **vérifie** tes réponses.

Tom loves •	• school.
He wants to be •	• Huckleberry Finn.
His best friend is •	• gifts.
Sometimes, Tom doesn't go to •	• Robin Hood.
Ben loves •	• adventure.
The boys give Tom nice •	• painting.

2 **Lis** ces phrases. Puis, **écoute** l'enregistrement et **remets** les phrases dans le bon ordre.

a. Tom sits and watches. ....

b. Ben arrives and paints. ....

c. Aunt Polly is very happy. ....

d. Other friends arrive and give gifts to Tom to paint the fence. ....

e. Aunt Polly asks Tom to paint the fence. ....

f. The fence is perfectly painted. ....

3 **Complète** la carte mentale avec tous les détails que tu as compris.

He doesn't like

....

....

....

His friends

....

....

He likes

....

....

....

....

Personality

....

....

Je trouve **le nom des personnages**. ☐ ★

Je comprends **ce que Tom aime et n'aime pas faire**. ☐ ★★

Je comprends **pourquoi Tom est intelligent**. ☐ ★★★

Unique

MANUEL ▶ p. 96

bordas.media/740133_035

4 **Regarde** les images suivantes et **imagine** ce que ressent le personnage.
Recopie le mot qui convient sous la bonne image.
sad – furious – surprised – friendly – happy

REMEMBER
MANUEL ▶ p. 32 • Feelings

....

....

....

....

....

5 **Regarde** la vidéo.

a. Comment s'appelle l'héroïne ? ....

b. **Complète** les phrases avec les adjectifs suivants. Tu peux visionner à nouveau l'extrait.
cute – funny – lazy – nice – shy – smart – stupid – talkative

She is ...., ..., ..., ... and ....

She isn't ...., ..., ...

6 Maintenant, **regarde** une dernière fois la vidéo.

a. Comment s'appelle l'amie de l'héroïne ?

....

b. **Imagine** maintenant l'histoire et **complète** le texte que tu pourrais mettre au dos du DVD.
Tu peux t'aider des amorces suivantes.

This is the story of...
She lives in...
She is... years old.
She is...
She has a best friend.
Her name is...
Together, they...

13 CANADIAN SCREEN AWARD NOMINATIONS
WINNER BEST DRAMA SERIES

....
....
....
....
....
....
....
....
....
....
....

7 422121 881925
DVD VIDEO

J'écris **2** phrases. ☐ ★
J'écris **3 ou 4** phrases. ☐ ★★
J'écris **5** phrases **ou plus**. ☐ ★★★

Helpful MANUEL ▶ p. 97

7 a. **Entoure** le nom des trois personnages dans le texte.
b. Puis, **souligne** les adjectifs qui qualifient les deux amis de Harry.
c. **Surligne** les deux raisons qui font que chaque ami/e est important/e.

Harry spends[1] many years at Hogwarts. He has many perilous adventures with his two best friends, Ron (Ronald) Weasley and Hermione Granger. Ronald instantly becomes[2] best friends with Harry. He has a very large family. They are famous because of their red hair. Ron isn't the most intelligent wizard and is sometimes stupid and shy, but he is always there to protect his best friends Harry and Hermione.
Hermione is an extremely smart and talented witch. Hermione comes from a non-magical family (Muggle-born). At Hogwarts, she loves practicing the art of magic and always helps her best friends with her intelligence.

Adapted from www.home.adelphi.edu

1 spend (v.) = *passer*
2 become (v.) = *devenir*

8 **Complète** les cases ci-dessous avec ce qui tu as compris du texte ou ce que tu connais de l'histoire.

Name: ....

Personality: ....

Extra details: ....

Harry Potter

Name: ....

Personality: ....

Extra details: ....

Je trouve **le nom** des personnages. ☐ ★
Je trouve **2 adjectifs** pour chaque ami/e de Harry. ☐ ★★
Je comprends **pourquoi** chaque ami/e est important/e. ☐ ★★★

9 **Imagine** une conversation entre les 3 personnages. Si tu connais l'histoire, n'hésite pas à choisir ton moment préféré.

REMEMBER

MANUEL U1 ▶ p. 30 • BE
MANUEL U3 ▶ p. 82
L'auxiliaire DO et les questions

① ② NOW... YOUR TURN

MANUEL ▶ p. 97

10 **Crée** un poster sur une amitié célèbre.

a. **Choisis** un personnage que tu aimes et son/sa meilleur/e ami/e.

b. Puis, **choisis** des images qui te plaisent et **place-les** dans ton poster. Au besoin, cherche des informations.

c. **Décris** chacun des personnages.

My famous character is Scooby-Doo.
He is a dog. Scooby-Doo is funny.
He is unique. I love his adventures.
His best friend is Shaggy.
Shaggy is a detective. He isn't brave.
He is always hungry.
Shaggy's best friends are Fred,
Daphne and Wilma.
They always see ghosts and monsters.

....

....

....

....

....

....

....

....

....

J'écris **2** phrases. ☐ ★
J'écris **3** phrases. ☐ ★★
J'écris **4** phrases. ☐ ★★★

Together

MANUEL ▶ p. 98

1 **Lis** le texte et **souligne** tous les verbes.

Friends are important!

People often make friends at school.
What do friends do together?
They spend time together. They eat lunch together, they laugh and talk. They go to the movies and hang out. They listen to music and dance. They just love being together. They accept you. They listen to you. They sometimes give gifts, flowers, and hugs. On Valentine's Day, they give you a beautiful card.
Friends play together. People often make friends at sports. They play tennis or football. They sometimes just go to the park and practice skateboard. They have fun!
Friends are important when you are happy, and they help you when you are sad.
Sometimes, your friends are for life.

2 **Note** les verbes que tu connais déjà.

....

....

....

3 Dans la liste ci-dessous, **sépare** les verbes par une barre oblique comme dans l'exemple.
Puis, **recopie-les** et **traduis-les**.

go/helpdancetalkhangoutplaylistenacceptlovemakepracticehavelaughspendareeatgivedo

1. ....
2. ....
3. ....
4. ....
5. ....
6. ....
7. ....
8. ....
9. ....
10. ....
11. ....
12. ....
13. ....
14. ....
15. ....
16. ....
17. ....
18. ....

Je trouve **3** activités. ☐ ✹ Je trouve **4 ou 5** activités. ☐ ✹✹ Je trouve **6** activités **ou plus**. ☐ ✹✹✹

Share

MANUEL ▶ p. 98

bordas.media/740133_036

4 Avant d'écouter le document, **regarde** l'image et **devine** de quoi le document audio va parler. **Compare** avec ton voisin.

....

....

....

....

....

5 **Écoute** le document et **note** tous les mots que tu as reconnus.

....

....

....

....

Je note **6** mots. ☐ ★
Je note **10** mots. ☐ ★★
Je note **11** mots **ou plus**. ☐ ★★★

6 **Coche** la colonne qui convient en fonction de ce que tu as compris dans l'enregistrement.

Valentine's Day is...	USA	France
for romantic love	×	×
very important at school		
for friends		
parties		
candies		
chocolates		
gifts		
cards for parents		
for cats and dogs		

Fun

MANUEL ▶ p. 99

bordas.media/740133_037

7 a. Pour réussir à jouer et poser les questions, commence par **choisir** les 5 mots que tu veux utiliser.

What is her/his favourite colour - food - animal - candy - sport - film - song - holiday...?

b. Puis, avec tes camarades, **rédigez** 2 questions avec leurs réponses. Vous êtes prêts pour le jeu !

Élève 1 : *What is her/his favourite... (colour - food - animal - candy - sport - film - song - holiday...)?*

Élève 2 : *Her/His favourite colour is blue!*

Élève 3 : *Yes. My favourite colour is blue! I love it!*

Élève 1 : *Yes, excellent! / No, sorry! Another question. What is...?*

Pupil 1: ....

Pupil 2: ....

Pupil 3: ....

Pupil 1: ....

Pupil 1: ....

Pupil 2: ....

Pupil 3: ....

Pupil 1: ....

Je pose **2** questions. ☐ ✸ Je pose **3** questions. ☐ ✸✸ Je pose **4** questions **ou plus**. ☐ ✸✸✸

①② ALMOST THERE

MANUEL ▶ p. 99

REMEMBER

MANUEL U2 ▶ p. 64
L'ordre D-A-N

8 **Inventez** un nouveau challenge « Best Friend Forever ».

a. Par groupes de 3, **inventez** 5 questions.
Puis, **recopiez** chaque question sur une carte.
What is your favourite actor's name?

b. **Échangez** vos cartes avec un autre groupe.
Jouez le jeu devant la classe. Un camarade **lit** les cartes et **mène** le jeu.
Les deux autres membres du groupe **répondent** aux questions.

Je pose **2** questions. ☐ ★
Je pose **3** questions. ☐ ★★
Je pose **4** questions ou **plus**. ☐ ★★★

MANUEL ▶ p. 100

Amuse-toi à mémoriser ton vocabulaire en famille ou avec tes amis.

1 **Complète** la carte de Saint-Valentin avec les mots ci-dessous.
Tu peux faire cet exercice le manuel ouvert ✹ ou fermé ✹✹.

friendship – best friend – BFF – classmate – friendly – friends

Dear Chloe,

.... is very important for me and you are my .... We are in the same class. So you are my best .... You have a great personality. You are very .... We love wearing identical caps and sneakers. We take the schoolbus together in the morning. We do our homework together. We eat lunch together. I have other .... but you are my ....!

Love,

Ava

✹✹ **2** **Relie** chaque adjectif à sa définition.

clever, smart ●	● A person who doesn't like talking.
cute ●	● A person who is very intelligent.
funny ●	● A person who doesn't do her/his homework.
lazy ●	● A person who is adorable.
shy ●	● A person who usually doesn't listen in class.
stupid ●	● A person who isn't intelligent.
talkative ●	● A person who makes me laugh. I have a great time with her/him.

✹✹ **3** **Écris** ce que tu aimes ou n'aimes pas sous les mots correspondants.

I hate	I dis**like**	I like	I en**joy**	I pre**fer**	I love
....	....	....	....	....	....
....	....	....	....	....	....
....	....	....	....	....	....
....	....	....	....	....	....
....	....	....	....	....	....

4 **Complète** les cases avec les mots qui conviennent.
Tu peux faire cet exercice le manuel ouvert ☀ ou fermé ☀☀.

5 **Note** tes 18 mots préférés
et **traduis-les**.

BONNE IDÉE

Cache les mots en anglais et **traduis-les** dans ton cahier. Si tu fais des erreurs, c'est simple : il faut les **réécrire** !

Mes 18 mots

1. ....
2. ....
3. ....
4. ....
5. ....
6. ....
7. ....
8. ....
9. ....
10. ....
11. ....
12. ....
13. ....
14. ....
15. ....
16. ....
17. ....
18. ....

 MANUEL ▶ p. 102

A. Le lien ’s

SOUVIENS-TOI

L’ordre du groupe nominal est l’ordre D-A-N : Déterminant – Adjectif – Nom.

RÉFLÉCHIS

a. **Souligne** les mots « ami » ou « friend » dans chaque phrase.

les amis de Ken	*Ken’s friends*
la nouvelle amie de Tom	*Tom’s new friend*
le meilleur ami de Hermione	*Hermione’s best friend*

- Où se place le mot « friend » ?
  ☐ au début ☐ au milieu ☐ à la fin
- À quoi te fait penser cette place du Nom ? À l’ordre ....
- Le lien « ’s » correspond à 2 mots en français : « le / la / les + de ».
  ☐ vrai ☐ faux
- Pour dire « le / la / les … de Ken » je dis « Ken’s … ».
  ☐ vrai ☐ faux

b. **Imagine** une gestuelle et un dessin pour représenter le lien « ’s ».

Avec Apostrophe S, on tisse les liens qui nous unissent.

Quel geste pourrait-on faire pour représenter ce lien ?
Complète la phrase de ton choix.

2 doigts qui ....

2 mains qui ....

Imagine un dessin ! Un collier avec un « s » en pendentif ? Une chaîne ? Une flèche ? Autre chose ?

c. **Distingue** le lien **« ’s »** de la contraction **« ’s »** du verbe **is**. Attention ! Risque de confusion !
Cherche les 2 phrases qui veulent dire « Hermione est l’amie de Harry ». ....

1. Hermione is Harry’s friend.
2. Hermione is Harry is friend.
3. Hermione’s Harry’s friend.

Quand « ’s » est le verbe « is », tu peux le remplacer par le signe = (ici, Hermione = *friend*).

ENTRAÎNE-TOI

1 **Traduis** ces groupes de mots, comme dans l’exemple suivant.

L’ami de Huck *Huck’s friend*

a. La mère de Tom : .... mother.

b. L’amie de Harry : .... friend.

c. Les frères de Ron : .... brothers.

le, la, les, l’… de X = X’s…

2 **Traduis** ces étiquettes en français. Attention au sens des « 's » !

a. Wallace's English.

b. Wallace is Gromit's master.

c. Look at Wallace's dog!

d. Gromit's a clever dog.

a. ....

b. ....

c. ....

d. ....

3 **Traduis** en anglais.

a. La mère d'Alice est anglaise. ....

b. Le frère de John est timide. ....

c. Les amis de Sue sont drôles. ....

B. Les déterminants possessifs *her* et *his*

RÉFLÉCHIS

son ami, à lui	*his friend*	son ami, à elle	*her friend*
sa mère, à lui	*his mother*	sa mère, à elle	*her mother*
ses parents, à lui	*his parents*	ses parents, à elle	*her parents*

- Comment dit-on « son / sa / ses » en anglais ? On dit .... ou bien ....
- Dans quel cas est-ce que l'on dit « his » ? Pour dire « son, sa, ses, à .... ».
- Dans quel cas est-ce que l'on dit « her » ? Quand c'est « son, sa, ses, à .... ».

	Déterminant possessif	Adjectif	Nom
This is (Voici)	my your his her **Lien « 's »** Ken's Kate's	best French new	friend.

- Dans ce tableau, quelle place occupe le groupe contenant le lien « 's » ?

Le lien « 's » occupe la place du ....

- L'ordre des mots est fixe.

Déterminant possessif (ou groupe avec le lien « 's ») + Adjectif + Nom ☐ vrai ☐ faux

ENTRAÎNE-TOI

4 **Ajoute** « à lui » ou « à elle ».

a. her brother = son frère ....

b. his sister = sa sœur ....

c. her uncle = son oncle ....

5 **Traduis.**

a. son chien à elle = ... b. son cousin à lui = ...

c. sa mère à lui = ...

6 **Lis** ce portrait de Ken et Emily.
Dessine les 2 visages.

Her hair is short but his hair is long. They have glasses. Her glasses are blue and round. His glasses are red and square. I love his smile.

Ken	Emily

La question *Whose?*

Entoure les « mots questions » dans les questions.

Whose dog is it? À qui est ce chien ? | Whose friend is he? C'est l'ami de qui ?

C. Les pronoms compléments

SOUVIENS-TOI

Dans une phrase affirmative, l'ordre à respecter est l'ordre S-V-C : Sujet + Verbe + Complément.

RÉFLÉCHIS

I love ***you***. = Je **t**'aime. *You love* ***me***. = Tu **m**'aimes. *I love* ***him***. = Je **l**'aime, **lui**.

I love ***her***. = Je **l**'aime, **elle**. *I love* ***it***. = J'aime **ça**.

- Le pronom complément est un complément. ☐ vrai ☐ faux
- Où se place le pronom complément ? Après ...., comme le complément.

ENTRAÎNE-TOI

7 **Complète** les phrases suivantes.

a. I know him. = Je .... connais. b. I know her. = Je .... connais.

c. I know you. = Je .... / .... connais.

8 **Traduis** en français.

a. Charlie Brown loves his dog. ....

b. He plays with him. ....

c. He kisses him. ....

9 **Traduis** en anglais.

Snoopy adore Charlie Brown. Il l'aime. Il l'adore. C'est son meilleur ami.

....

....

 MANUEL ▶ p. 103

Les pauses et les liaisons

RÉFLÉCHIS

bordas.media/740133_038

I like / my friend Anne.

a. Chaque groupe est lié par du sens. On ne sépare pas S + V et D + N.

☐ vrai ☐ faux

b. Chaque groupe se dit en 1 souffle.

☐ vrai ☐ faux

Retiens : « Groupe de sens, groupe de souffle ! »

c. À l'intérieur des phrases, à chaque pause, la voix reste en suspens (en hauteur).

☐ vrai ☐ faux

d. À la fin de la phrase, la voix baisse et la pause est plus longue.

☐ vrai ☐ faux

e. L'anglais aime ce qui est fluide. Les liaisons aident à la .... et les pauses permettent de ....

ENTRAÎNE-TOI

10 a. **Écoute** et **ajoute** une barre (/) à chaque pause comme dans l'exemple.

bordas.media/740133_039

I like / my friend Anne.

I like my friends Ben and Emily.

I love Ben's smile and I like his energy.

b. **Réécoute** et **souligne** les liaisons. **Répète** chaque groupe, en faisant attention aux pauses.

c. **Écoute** une dernière fois et **répète**.

11 a. Où ferais-tu des pauses ? **Note** au crayon une barre à chaque pause.

b. Où ferais-tu une liaison ? **Note** ces liaisons au crayon.

c. **Entraîne-toi** à lire ces phrases à voix haute.

I love my friend Emily. I like her energy.

Tom likes his friend Alan. He likes his generosity.

AUTO-ÉVALUATION

MANUEL ▶ p. 108

J'AI RÉUSSI MES MISSIONS

Complète le tableau en cochant les missions que tu as faites.

		★	★★	★★★
Now … your turn	Mon poster est bien présenté.			
	J'ai réussi à écrire des phrases.			
Almost there	J'ai réussi à poser des questions.			
	J'ai réussi à répondre aux questions.			
Put it all together	J'ai présenté mon ami/e.			
	J'ai expliqué ce que j'aime faire avec elle/lui.			

CE QUE JE VEUX RETENIR

Écris en **rouge** tes erreurs. **Écris** en **vert** la correction.

My favourite mistakes

Souvent j'écris…	Ce que je dois écrire…
…………………………	…………………………
…………………………	…………………………
…………………………	…………………………

Dans ce tableau, recopie plusieurs fois ce que tu veux retenir et n'hésite pas à bien barrer ce qui est faux. Puis, ferme ton cahier d'exercices et vérifie sur une autre feuille que tu peux les écrire correctement. Si tout est juste, bravo ! Mais si tu fais encore des erreurs, recommence demain !

CE QUE J'AI AIMÉ

Les trois belles choses que j'ai aimées dans cette unité !

J'ai adoré… …………………………………………

J'ai bien rigolé quand… …………………………………………

Je suis fier/fière de… …………………………………………

MES BADGES

Collecte tes badges pour l'unité 4 et **colle-les** ici.

You did it!

POUR VÉRIFIER QUE J'AI TOUT COMPRIS

Je réussis à comprendre un récit audio.

bordas.media/740133_040

1. Écoute l'enregistrement plusieurs fois.

2. Dessine la carte.

My Valentine's Day card

Je réussis à comprendre un texte court.

3. Note ce que tu as compris en français.

> My name is Harry. My best friend James and I have a lot in common. We love hanging out. James is smart, and very funny. He is very talkative! He makes me laugh every day. I am smart too, and friendly, but I am a little lazy. He is very helpful. He cooks. He helps his sister with her homework. Everyone loves him, and I think he is fantastic. But he is a little too perfect and I am a little jealous!

....

....

....

....

....

....

....

Je réussis à écrire et à parler en anglais.

4. Note les qualités d'un/e ami/e dans la classe que tu apprécies. **Note** également tout ce que tu sais d'elle ou de lui. **Essaie** d'écrire autant de phrases que tu peux.
Attention, il ne faut pas le/la nommer !

5. Décris cet/te ami/e à ton camarade.

My friend is a girl. I think she is great. She loves laughing. Her best friend is...

....

....

....

Coche les cases en fonction de ce que tu as réussi.

J'ai dessiné	J'ai compris	J'ai écrit	J'ai dit
2 éléments ☐ ★	**5** mots ☐ ★	**1 ou 2** phrases ☐ ★	**1 ou 2** phrases ☐ ★
3 éléments ☐ ★★	**pourquoi** James est son meilleur ami ☐ ★★	**3** phrases ☐ ★★	**3** phrases ☐ ★★
3 éléments au bon endroit ☐ ★★★	**pourquoi** il est jaloux ☐ ★★★	**+ de 3** phrases ☐ ★★★	**+ de 3** phrases ☐ ★★★

5 I LOVE LONDON

LET'S SING AND DANCE!

bordas.media/740133_041

MANUEL ▶ p. 113

London is fun!

Next week, we can go to London
The London Eye has a good view
We can travel on a bus to see Big Ben
And we can see Hyde Park too

I love London
There is so much to do
Museums, shops, parks and a river,
Fun for me and you!

We can have a cup of tea in Harrods
We can go to London Zoo
There are lazy lions and a slimy snake
And we can see elephants too

Chorus

Londres, c'est amusant !

La semaine prochaine, nous pouvons aller à Londres
Le London Eye offre une belle vue
Nous pouvons voyager en bus pour voir Big Ben
Et nous verrons Hyde Park aussi

J'adore Londres
Il y a tellement à faire
Des musées, des boutiques, des parcs et un fleuve,
De l'amusement pour moi et vous !

Nous pouvons prendre une tasse de thé chez Harrods
Nous pouvons aller au zoo de Londres
Il y a des lions paresseux et un serpent visqueux
Et nous pouvons voir des éléphants aussi

Refrain

1 a. **Souligne en rouge** tous les mots de la chanson qui indiquent des lieux touristiques.
b. **Souligne en noir** toutes les activités que tu peux faire.

2 a. **Quels autres mots** dans la chanson ont le même son voyelle ?

! Dans ***London***, le son [ʌ] ne s'entend qu'à la 1re syllabe !

a L**o**ndon b**u**s /ʌ/ ....

b. **Amuse-toi à jouer au morpion** avec ton camarade.
Mais, avant de commencer, rappelle-toi du sens de ces mots.
Traduis-les.

funny .... sunny ....
hungry .... summer ....
Monday .... hug ....

....	....	....
....	....	....
....	....	....

Je lis **3 vers** à voix haute. ☐ ✸ Je lis **4 ou 5 vers** à voix haute. ☐ ✸✸ Je lis **6 vers et plus** à voix haute. ☐ ✸✸✸

London loves monuments

MANUEL ▶ p. 114

bordas.media/740133_042

1 **Regarde** la vidéo et **entoure** les monuments sur la carte.

2 **Choisis** les 5 attractions que tu aimerais visiter. **Explique** les raisons pour lesquelles tu as choisi ces attractions.

- ☐ Buckingham Palace
- ☐ Big Ben
- ☐ Shakespeare's Globe Theatre
- ☐ The London Eye
- ☐ The Tower of London
- ☐ London Zoo
- ☐ Museums
- ☐ Mme Tussauds
- ☐ The Duck Tour
- ☐ The Harry Potter Tour

At The London Eye, you can have fun and you can see London.

....

....

....

....

....

3 **Complète** le tableau suivant puis, **demande** à ton camarade ce qu'il veut voir. PAIRWORK

Do you want to	*visit* *see* *discover* *go to*	*The London Eye?*
		....
		....
		....

Do you want to visit The London Eye?
Yes, I do.
No, I don't. I want to see Buckingham Palace.

J'explique mes **2 ou 3** endroits préférés. ☐ ★
J'explique mes **4 ou 5** endroits préférés. ☐ ★★
J'interroge mon camarade. ☐ ★★★

London loves wild animals

MANUEL ▶ p. 115

4 **Lis** le poster. Puis **relie** ce que tu **dois** faire à « must » et ce que tu **ne peux pas** faire à « can't ».

I can't •

I must •

• run.

• take photos.

• put garbage in the bins.

• climb on the guardrails.

• feed the animals.

• keep noise at a minimum.

• tease the monkeys.

5 Maintenant, **rédige** des phrases en fonction des panneaux suivants.

phone | listen to music | drink | walk | be silent | wear shoes

In the zoo, I must...
In the zoo, I can't...

....

....

....

....

....

....

6 **Révise** l'heure. **Note** les heures ci-dessous puis **vérifie** avec ton camarade. PAIRWORK

REMEMBER
MANUEL U1 ▶ p. 43 • Time

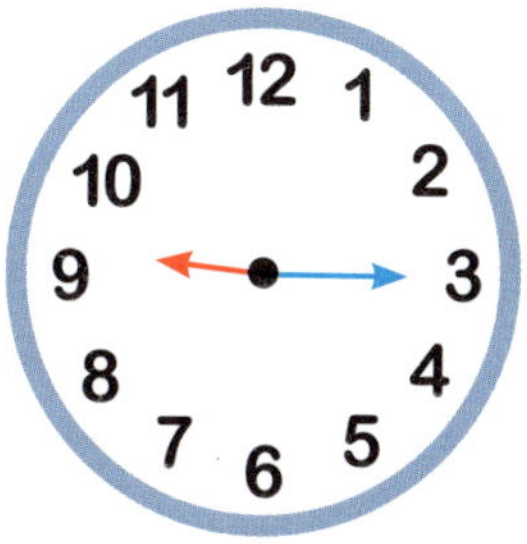
....

....

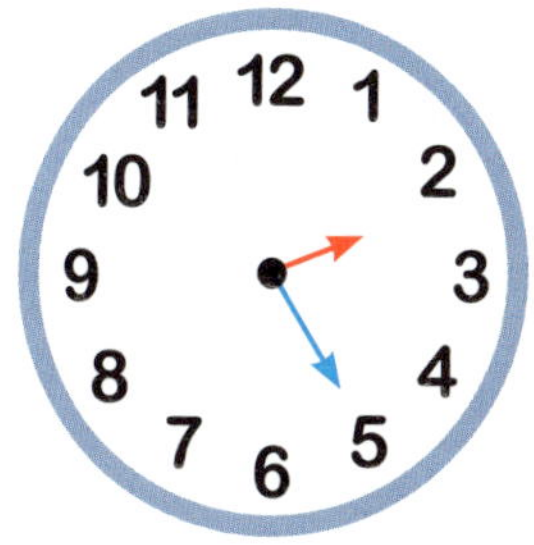
....

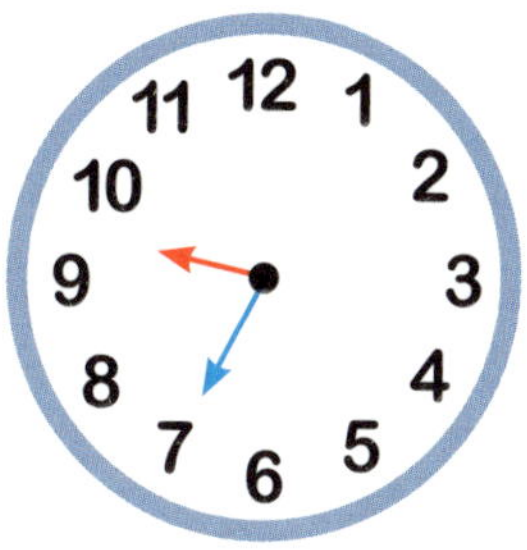
....

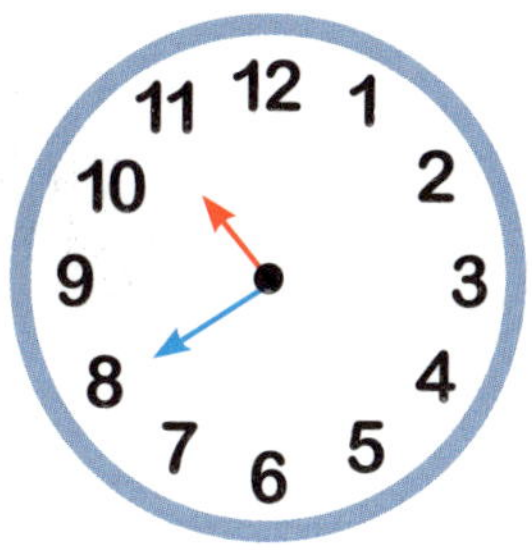
....

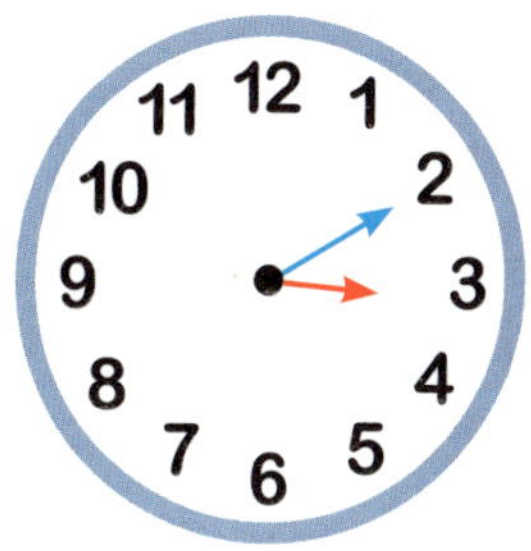
....

7 **Regarde** le tableau suivant puis, **rédige** la phrase que tu vas dire à ton camarade. PAIRWORK

I want to	*visit* *see* *go to*	*the London Zoo in*	*January – March – April – May – June etc.* *spring – summer – autumn – winter*

I want to visit the London Zoo in March.

....

Note ce que te dit ton camarade.

It opens at... and closes at...

....

① ② NOW... YOUR TURN

MANUEL ▶ p. 115

8 **Choisis** ton monument favori et **complète** le poème suivant avec le plus de détails possible. Au besoin, cherche sur Internet les informations qui te manquent.

I love London.
I am .... I am a ....
I am a ....
I can see .... and ....
in front of me.
I am ....
I am .... years old.
I can .... and I can
....
My name is ....
and I love London.

Je décris mon monument en **3** phrases. ☐ ✸
Je décris mon monument en **4** phrases. ☐ ✸✸
Je décris mon monument en **5** phrases **ou plus**. ☐ ✸✸✸

Bonus **Tu peux choisir** une belle image, la **montrer** à la classe et **lire** ton poème à voix haute.

PLEASE MIND THE MAP!

Follow the guide

MANUEL ▶ p. 116

bordas.media/740133_043

a. Regarde la vidéo.

b. Puis, **lis** les paroles et **souligne** les indications de directions.

How do I get to the restaurant?
How do I get to the swimming pool?
Go straight ahead, keep going, keep going, keep going
Go straight ahead, keep going, keep going, and stop!
Turn left, turn right
Take the 1st/2nd/3rd/4th on the left and then stop!
How do I get to the cinema?
How do I get to the supermarket?
Go straight ahead, keep going, keep going, keep going
Go straight ahead, keep going, keep going, and stop!
Turn left, turn right
Take the 1st/2nd/3rd/4th on the right and then stop.

Écoute les indications pour arriver au restaurant et **trace** l'itinéraire sur le plan.

bordas.media/740133_044

3 **a.** Wallace doit retrouver Gromit. Il y a plusieurs possibilités. bordas.media/740133_045
Regarde le plan page 95 et **écoute** le 1er audio. **Trace** l'itinéraire. **Vérifie** avec tes camarades.

b. Puis **écoute** le 2e audio et **trace** le nouvel itinéraire d'une autre couleur. bordas.media/740133_046

You must go straight ahead.
You must take the 1st on the right/left...

Je comprends **2 ou 3** directions. ☐ ★
Je comprends **4** directions. ☐ ★★
Je comprends **plus de 4** directions. ☐ ★★★

A royal walk

MANUEL ▶ p. 116

4 **a. Trace** sur la carte l'itinéraire de ton choix pour permettre à Wallace et Gromit d'atteindre Buckingham Palace.

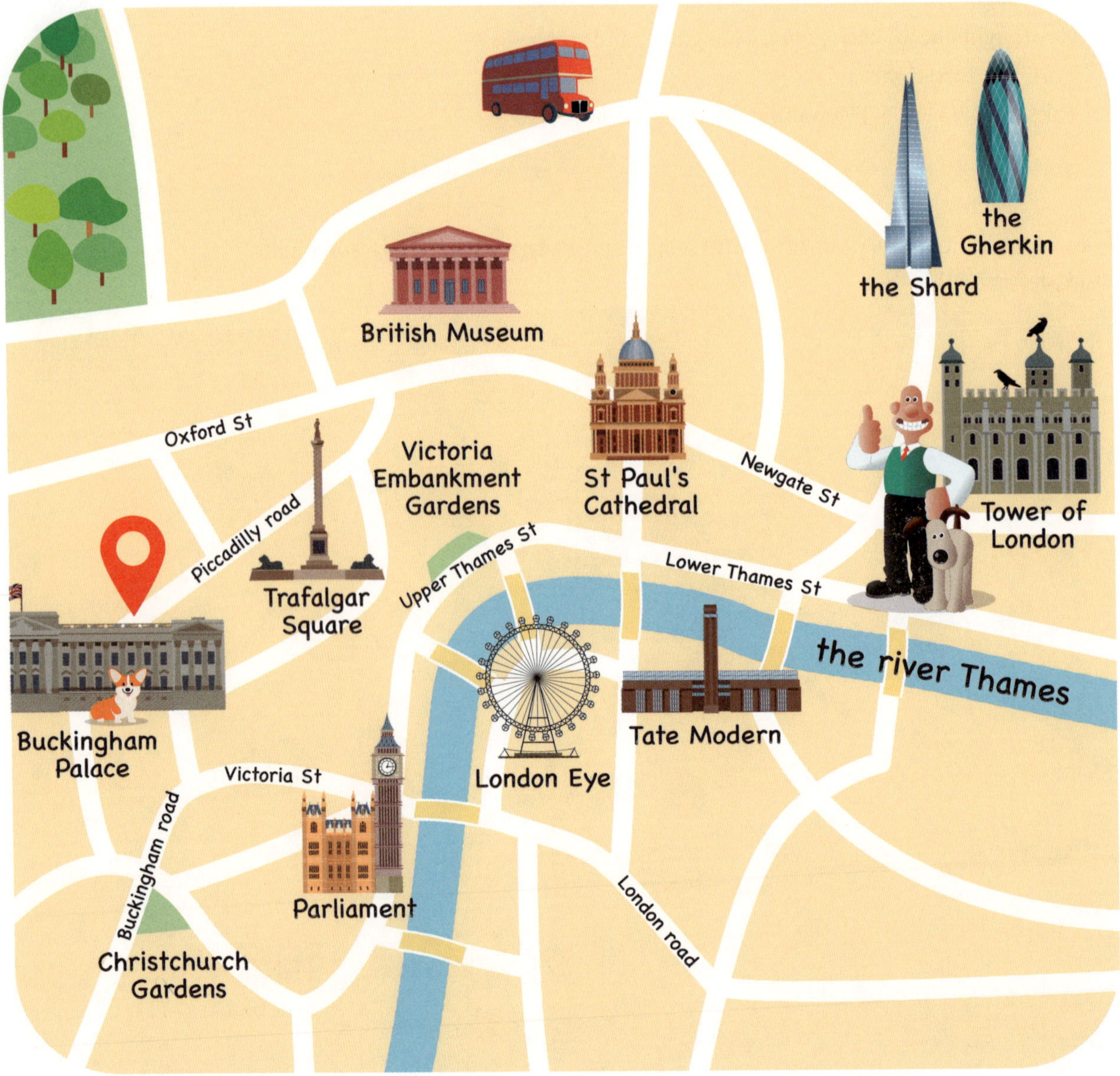

b. Puis, **rédige** le mail que tu leur écris.

Dear Wallace and Gromit,
At the station, you must turn left...
You must take the first on the right... You must go past...

New message

To

Subject

....

....

....

....

....

....

....

Send

Je rédige **1** phrase. ☐ ✸ Je rédige **2 ou 3** phrases. ☐ ✸✸ Je rédige **3** phrases **ou plus**. ☐ ✸✸✸

A royal pet

MANUEL ▶ p. 117

5 **a. Souligne** en vert tous les mots en lien avec les statues.

b. Puis, **souligne** en bleu tous les mots en lien avec les chiens.

Corgis are the Royal Family's favourite dog breed[1]. They are small dogs with white and orange hair. They have long pointed ears. They are quite nice and affectionate but also sometimes cheeky[2]. That's why Londoners love corgis. You can explore London to find 19 colourful giant corgi statues. It is the Corgi trail[3] and the dogs are in different public places around London. Each statue has a name. So, if you want to see one, you can start in the Victoria Embankment Gardens, in the Whitehall Gardens, or in the Christchurch Gardens. Then, you must discover the clues[4] to find the other statues. Good luck!

[1] breed = *espèce* [2] cheeky = *malin* [3] trail = *sentier* [4] clue = *indice*

6 **Entoure** les 7 corgis sur cette carte et **rédige** des phrases complètes.

REMEMBER

MANUEL U2 ▶ p. 63
Les prépositions de lieu

▼ Where are the corgis?

You can see a corgi next to – in – on – in front of...
You can see...

....

....

....

....

....

....

....

....

....

Je rédige **1** phrase. ☐ ★
Je rédige **2 ou 3** phrases. ☐ ★★
Je rédige **plus de 3** phrases. ☐ ★★★

MANUEL ▶ p. 117

7 **Choisissez** un lieu de départ. PAIRWORK

Élève A : Dis à ton camarade ce que tu aimes faire.

Élève B : Choisis l'endroit que ton camarade peut visiter, **trace** l'itinéraire et **donne-lui** les indications pour y arriver (attention, il ne faut pas qu'il connaisse la destination !).

Une fois arrivés, **vérifiez** que vous êtes au même endroit.

Élève A : *I want to see animals. Where can I go?*

Élève B : *It's easy! You can go straight ahead after Buckingham Palace. You can turn left. You can cross the park. You can see the entrance. Where are you?*

Élève A : *I am at the London Zoo!*

Je fais **2 phrases** avec « can » et « want to ». ☐ ★

Je fais **3 phrases** avec « can » et « want to » et **j'indique** mon itinéraire. ☐ ★★

Je fais **4 phrases** avec « can » et « want to » et **je retrouve** le lieu de mon camarade. ☐ ★★★

LEXIQUE

MANUEL ▶ p. 118

Amuse-toi à mémoriser ton vocabulaire en famille ou avec tes amis.

1 **Relie** les indications de direction à leur traduction.
Tu peux faire cet exercice le manuel ouvert ✹ ou fermé ✹✹.

cross ●	● première à droite
first on your right ●	● arrête-toi
second on your left ●	● continue (ou) va tout droit
go straight ahead ●	● tourne à gauche
stop ●	● tourne à droite
turn left ●	● traverse
turn right ●	● marche
walk ●	● deuxième à gauche

2 **Légende** les images.
Tu peux faire cet exercice le manuel ouvert ✹ ou fermé ✹✹.

....

....

....

....

....

✹✹ **3** **Écris** sous chaque image le nom du monument représenté.
Big Ben – The London Eye – The Parliament – St James's Park – sightseeing places – The Tower of London – The London Zoo

....

....

....

....

....

....

....

4 **Complète** le nom des animaux.

D _ G

E _ _ _ _ _ _ T

G _ _ _ _ _ E

H _ _ _ _ _ _ _ _ _ _ S

H _ _ _ E

L _ _ N

M _ _ _ _ Y

T _ _ _ R

5 **Note** tes 18 mots préférés et **traduis-les**.

BONNE IDÉE

On retient plus facilement un mot nouveau quand on sait le prononcer. **Vérifie** la prononciation des mots choisis et **répète-les** plusieurs fois à voix haute tout en les recopiant.

Mes 18 mots

1. ....
2. ....
3. ....
4. ....
5. ....
6. ....
7. ....
8. ....
9. ....
10. ....
11. ....
12. ....
13. ....
14. ....
15. ....
16. ....
17. ....
18. ....

 MANUEL ▸ p. 120

A. Les auxiliaires modaux *CAN* et *MUST*

RÉFLÉCHIS

a. **Réfléchis** au **sens** des auxiliaires modaux, ces auxiliaires spéciaux.

Un auxiliaire m'apporte de l'.............................. CAN et MUST sont des auxiliaires modaux car ils m'.............................. à exprimer mon mode de pensée. Avec eux, je donne mon point de ...., je dis comment je vois les choses.

- **Avec *CAN*, je dis ce qui est possible !**

"Tim can sing this." La personne qui parle trouve que Tim .... tout à fait chanter ce morceau.

"No, I can't sing it." répond Tim, qui pense que ce n'est pas .... pour lui, qu'il ne .... pas.

- **Avec *MUST*, on me pousse à agir.**

"You must go. It's time." La personne qui parle te pousse à ....

"Oh no! You mustn't go now!" dira quelqu'un d'autre qui te pousse à ....

b. **Réfléchis** à l'ordre des mots.

You can come. → Vous pouvez venir.
Can he come? → Est-ce qu'il peut venir ?
We can't come. → Nous ne pouvons pas venir.

You must come. → Il faut que tu viennes.
Must she go? → Est-ce qu'il faut qu'elle parte ?
You mustn't go. → Vous ne devez pas partir.

- Où se place l'auxiliaire modal ?

– Dans une phrase affirmative, le modal sépare le sujet du verbe. ☐ vrai ☐ faux

– Dans une question, l'auxiliaire modal se place avant le ....

– Dans une phrase négative, la négation s'accroche au modal. ☐ vrai ☐ faux

ENTRAÎNE-TOI

1 **Ajoute** le chiffre 1 ou 2, selon que la traduction correspond à la phrase 1 ou 2.

1. You can sing. **2. You must sing.**

a. Tu peux chanter. ....
b. Il faut que tu chantes. ....
c. Tu as le droit de chanter. ....
d. Tu es capable de chanter. ....
e. Tu dois chanter. ....
f. Tu es obligé de chanter. ....
g. Tu sais chanter. ....

2 **Joue** à *Speed Grammar*. **Joue** seul ou avec un camarade. Lance-toi le défi de **traduire** les 7 phrases françaises précédentes. Tu peux t'enregistrer.

✸ en plus de 2 minutes ? ✸✸ en maximum 1 minute 30 ? ✸✸✸ en maximum 1 minute ?

3 a. Chante la grammaire. En slam. En rap. En dansant, si tu veux.

Complète la chanson et **chante-la**.

"You can sing, I can .... too. He can .... and she can .... We can all .... Sing with us: "Champions are us!"

b. **Imagine** une chanson sur ce modèle à partir des talents de la classe. **Chante** la conjugaison.

....

....

....

....

4 **Traduis.**

a. Il faut que tu ailles à Londres. ....

b. On peut visiter le zoo lundi. ....

c. Il ne faut pas que tu sois en retard. ....

d. Ma sœur ne peut pas venir. ....

e. Est-ce que ton frère peut venir ? ....

B. *WANT* et *WANT TO* + verbe

RÉFLÉCHIS

WANT (vouloir / avoir envie de) c'est le verbe des ...., le verbe qui permet de dire ce que l'on ....

a. **Compare** le français et l'anglais.

1. Je veux un vélo. — **I want a bike.**
2. Je veux faire du vélo. — **I want to ride a bike.**

Il y a « calque » quand il y a le même nombre de mots en français et en anglais et que les mots sont dans le même ordre.

- Quelles phrases sont des phrases « calque » ?

☐ les phrases 1 ☐ les phrases 2

- Quel mot est ajouté en anglais, après WANT, dans la phrase 2 ?

....

b. **Explique** le choix des dessins. Avec « want + to + verbe » on parle de « visée ». Pourquoi ?

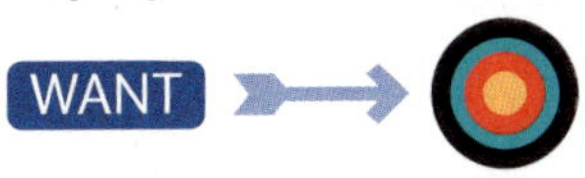

- La flèche correspond à quel mot ? à .... La cible correspond à quel mot ? au ....
- Que veut dire « to » d'habitude ? « to » indique un mouvement .... un lieu.
- Pourquoi parle-t-on de « visée » ? Avec la flèche « to », on .... la cible, on .... la cible.

ENTRAÎNE-TOI

5 **Complète** avec « a » ou « to ».

a. I want .... sandwich. I want .... eat .... big sandwich.

b. I want .... go .... London. I want .... ticket .... London, please.

c. I want .... visit the London Zoo. I want .... see .... panda.

WANT a + Nom
WANT to + Verbe

6 **Ajoute** un verbe comme dans l'exemple.

I want a sandwich. Je veux un sandwich.
I want to eat a sandwich. Je veux manger un sandwich.

a. I want a book = I want .... a book.

b. I want an orange juice = I want .... an orange juice.

c. I want a corgi = I want .... a corgi.

7 **Traduis** les phrases suivantes.

a. Je veux un stylo. Je veux écrire. ....

b. Il veut un plan. Il veut visiter Londres. ....

....

c. Nous voulons un ticket. Nous voulons voir Big Ben.

....

PAIRWORK AND TEAM WORK

8 **Complète** un dialogue entre Mère Cane et ses canetons. Et **joue** le sketch avec un camarade. **Ajoute** « want to » ou « don't want to ».

Baby Duck: I'm tired. I .... swim.

Mother Duck: Hurry up. I .... go home.

Baby Duck: I .... eat an ice cream.

Mother Duck: An ice cream! Oh, no, not today! It's too cold today.

▲ Ducks and swans in Hyde Park.

9 **Ajoute** : can – can't – must – mustn't – want (x2) – don't want (x2). **Joue** le sketch.

Swans: We .... to swim. We .... to fly!

Mother Swan: You .... fly, children. You are too young. And you .... hurry. We .... be late for tea.

Swans: We .... to hurry. And we .... to eat an ice cream in the park.

Mother Swan: Come on, children. We .... have a nice cup of tea at home.

10 **Imagine** et **joue** un sketch fantaisiste pour dire ce dont les animaux de Hyde Park pourraient avoir envie. Tu peux l'écrire dans ton cahier.

 MANUEL ▶ p. 121

A. CAN / CAN'T

ENTRAÎNE-TOI

11 **Coche** la colonne selon la prononciation de CAN que tu entends.
bordas.media/740133_047

	CAN  C A N /kæn/	CaN  C a N /kən/
a. Can you swim?		
b. Yes, I can.		
c. I can swim very well.		
d. And I can ride a horse.		
e. Can you?		

Can est « fantôme » : en début, en milieu ou en fin de phrase ? ....

12 **Écoute** et **repère** la prononciation de CAN'T. bordas.media/740133_048

Can't you swim? No, I can't. You can't swim! Really?

CAN'T se prononce-t-il différemment selon sa place dans la phrase ? ☐ oui ☐ non
CAN'T se prononce-t-il toujours bien fort ? /ka:nt/ ☐ oui ☐ non

13 **Écoute** et **répète** en accentuant les mots en gras. bordas.media/740133_049

"I can **ride** a **horse** and I can **skate**, but I **can't swim**."
"**Can** she **swim**? **No**, she **can't**. But **she** can **play** football **very** well."

B. Le *T* muet

ENTRAÎNE-TOI

14 **Recopie** les phrases dictées. **Répète** la phrase de ton choix. bordas.media/740133_050

You mustn't eat in the castle. I want to go to the zoo at Christmas

....

15 **Écoute** la dictée et **écris** les phrases. bordas.media/740133_051

....

....

AUTO-ÉVALUATION

MANUEL ▶ p. 126

J'AI RÉUSSI MES MISSIONS

Complète le tableau en cochant les missions que tu as faites.

		✸	✸✸	✸✸✸
Now … your turn	J'ai écrit mon poème.			
	Je l'ai lu à voix haute.			
Almost there	J'ai écrit mes directions.			
	Je les ai données à l'oral.			
Put it all together	J'ai rédigé mon guide.			
	J'ai donné le meilleur itinéraire possible.			

CE QUE JE VEUX RETENIR

Écris en **rouge** tes erreurs. **Écris** en **vert** la correction.

My favourite mistakes

Souvent j'écris...	Ce que je dois écrire...
....	....
....	....
....	....

Répète plusieurs fois à voix haute ce qui est correct. Plus tu entendras les phrases correctes et plus il sera facile pour toi de les mémoriser.
N'hésite pas à demander à un camarade de t'aider à répéter. Tu pourras ensuite l'aider à ton tour !

CE QUE J'AI AIMÉ

Les trois belles choses que j'ai aimées dans cette unité !

J'ai adoré…

J'ai bien rigolé quand…

Je suis fier/fière de…

MES BADGES

Collecte tes badges pour l'unité 5 et **colle-les** ici.

You did it!

POUR VÉRIFIER QUE J'AI TOUT COMPRIS

Je réussis à comprendre un récit audio.

bordas.media/740133_052

1. Écoute l'enregistrement.

2. Écoute une deuxième fois et **repère** les animaux et les lieux touristiques où ils se trouvent.

1. ....

2. ....

3. ....

Je réussis à comprendre un texte en anglais. Reporte-toi à ton manuel p. 126.

3. Note en français ce que tu peux et ne peux pas faire.

....

....

....

....

....

Je réussis à écrire et à parler en anglais.

4. Choisis un point de départ sur la carte et un point d'arrivée.

5. Décris le chemin que tu prends pour faire ton trajet.

....

....

....

....

....

....

....

....

....

....

....

....

Coche les cases en fonction de ce que tu as réussi.

J'ai trouvé	J'ai compris	J'ai écrit	J'ai donné
1 lieu et **1** animal ☐ ★	**2** choses ☐ ★	**2** phrases ☐ ★	**2** indications ☐ ★
2 lieux et **les animaux** ☐ ★★	**3** choses ☐ ★★	**3** phrases ☐ ★★	**3** indications ☐ ★★
3 lieux et **les animaux** ☐ ★★★	**4** choses ☐ ★★★	**4** phrases **ou plus** ☐ ★★★	**4** indications **ou plus** ☐ ★★★

6 Carnival Season in Jamaica

Let's Sing and Dance!

bordas.media/740133_053 MANUEL ▶ p. 133

I love the Carnival!

I love playing the drums
I love dressing up in costumes
I love playing the trombone
I love having fun with my friends

Sing yeah yeah yeah
Let's celebrate
Sing yeah yeah yeah
At the Carnival

Let's parade in the streets
Wear feathers, masks and sequins
Let's smile at all the people
Because it's Carnival this weekend

Chorus

I love dancing
I love singing
I love the Carnival (x 3)

J'adore le carnaval !

J'adore jouer du tambour
J'adore me déguiser
J'adore jouer du trombone
J'adore m'amuser avec mes amis

Chantons, oui, oui, oui
Célébrons
Chantons, oui, oui, oui
Au carnaval

Défilons dans les rues
Portons des plumes, des masques et des paillettes
Sourions à tout le monde
Parce que c'est le carnaval ce week-end

Refrain

J'adore danser
J'adore chanter
J'adore le carnaval (x 3)

1 **Surligne** tous les mots de la chanson qui sont en lien avec le carnaval.

2 a. **Quels autres mots** dans la chanson ont le même son consonne ?

wea**th**er /ð/ ....

throne /θ/ ....

b. **Souligne** les mots qui ont le son /ð/ au crayon de papier et le mot qui a le son /θ/ en noir.

c. **Connais-tu** d'autres mots avec les mêmes sons ?

/ð/ (💡 : petits mots, pronoms sujets ou compléments) : ....

/θ/ (💡 : page 62 de ton manuel) : ....

d. Maintenant, **amuse-toi**. Combien de fois peux-tu dire cette phrase sans te tromper ?

Thirty-three feathers on the windy winter street.

Je lis **3 ou 4 vers** à voix haute. ☐ ★ Je lis **5 ou 6 vers** à voix haute. ☐ ★★ Je lis **7 vers et plus** à voix haute. ☐ ★★★

Celebrating!

MANUEL ▶ p. 134

1 **Réponds** à la question en complétant les phrases suivantes.

Where is Jamaica?

a. Jamaica is next to ....

b. Jamaica is under ....

c. Jamaica is on top of ....

d. Jamaica is between .... and ....

e. Jamaica is in the ....

2 **Réponds** à la question en complétant les phrases avec les verbes suivants.

dancing – having fun – laughing – playing music – playing the drums – smiling – singing

What are the children doing?

They **are** ....

They ....

They ....

They **aren't** ....

Parading!

MANUEL ▶ p. 134

bordas.media/740133_054

3 **Complète** les cases avec les mots ci-dessous :
feathers – costume – he is dancing – he is smiling – he is singing

4 a. Maintenant, c'est à toi de rédiger des phrases. **Complète** les phrases suivantes et **ajoute** autant de détails que tu peux en utilisant les verbes indiqués.
Recopie le premier exemple pour bien commencer.

a. (parading) People are parading in the streets. ....

b. (dancing) They are dancing ....

c. (smiling) ....

d. (wearing) ....

e. (laughing) ....

f. (having fun) ....

g. (playing) ....

b. Lorsque tu as fini, **compare** tes phrases avec celles de ton voisin et **vérifiez** que vos phrases sont correctes. PAIRWORK

Je rédige **2** phrases. ☐ ★
Je rédige **3 ou 4** phrases. ☐ ★★
Je rédige **5 ou 6** phrases. ☐ ★★★

Having fun!

MANUEL ▶ p. 135

5 **Regarde** la photo et le titre.
À ton avis, de quoi va parler le texte ?

I think this text is about ....

....

....

....

6 **Lis** le texte et **essaie de deviner** le sens de certains mots à partir des indices donnés.

a. *kids*
(un synonyme est dans le texte) :
- ☐ enfants
- ☐ amis
- ☐ adolescents

b. *face-painting*
(un des deux mots se dit aussi en français) :
- ☐ peindre les murs
- ☐ peindre les visages
- ☐ décorer la rue

c. *march*
(le mot est **presque** le même en français) :
- ☐ marchent
- ☐ défilent
- ☐ courent

Kingston Kids
Carnival of Jamaica

Jamaica has a festival for **kids** at Hope Gardens in April. The activities are amusing and fun. There's a pre-party with **face-painting** and dressing-up, and then a road march with floats[1] and a steel band[2]. The children go out and **march** with a costume. For some kids, it also means parading on stage, presenting the costumes and receiving prizes.
The event is an educational one. The theme is "Out of Many, One Carnival". The children wear African, Chinese and Indian costumes to reveal the multicultural aspects of Jamaican culture. They get a brochure before the march and hear historical information.

1 float = *char*
2 steel band = *groupe de percussions*

7 **Souligne** dans le texte ce que les enfants font avant le défilé.

8 **Note** en français tout ce que tu as compris du texte. Qu'est-ce qui t'a aidé à comprendre ?

– dans l'image : ....
– dans le titre : ....
– quels mots ? ....
– quelles parties de phrases ? ....

....

9 **Traduis** la phrase suivante.

"The children wear African, Chinese and Indian costumes to reveal the multicultural aspects of Jamaican culture."

....

....

10 **Pourquoi** le thème du carnaval est-il : « Out of Many, One Carnival » ?

....

....

....

Je comprends **la thématique** du texte. ☐ ✱

Je comprends **certains détails** du texte. ☐ ✱✱

Je comprends **l'origine** de ce carnaval. ☐ ✱✱✱

① ② NOW... YOUR TURN

MANUEL ▶ p. 135

11 a. **Choisis** une photo de carnaval ou **utilise** l'une de celles-ci.

b. **Donne** un nom à ton carnaval et **indique** la date.

c. Puis, **légende** la photo choisie. Voici un exemple de légende :

This is the Carnival of April. On my photo, there are kids. They are in the street in spring. They are dancing and marching.

TITLE: ....

Image personnelle

DATE: ....

LEGEND: ....

....

....

....

Je présente **l'événement**. ☐ ✱

Je présente **l'événement** et parle des **activités**. ☐ ✱✱

Je présente **l'événement** et parle des **activités** et des **tenues**. ☐ ✱✱✱

Discovering the country

MANUEL ▶ p. 136

1 **Lis** les informations suivantes sur Bob Marley et **complète** sa carte d'identité.

Bob Marley was born on 6 February 1945 in Nine Mile, Jamaica. He is considered the pioneer of reggae music. He is a symbol of Jamaican music and made Jamaican music very popular in the world. He is a star and people today still listen to his famous songs: "One Love", "Sun is shining", "Three little birds". He died in May 1981 from cancer. He was 36 years old.

JAMAICA | NATIONAL IDENTIFICATION CARD

Prénom et Nom de famille

....

Naissance

....

Lieu de naissance

....

Décès

....

Liste les raisons pour lesquelles il est célèbre.

– ....

– ....

– ....

– ....

2 **Associe** les activités suivantes aux dessins sur la carte. Puis, **complète** la phrase.

1. go to the waterfalls
2. go to the beach
3. listen to reggae
4. taste food
5. go hiking in Blue Mountains

The main activities are going hiking in ...., listening to ...., going ...., ..., and ....

3 **Choisis** tes activités préférées et **rédige** une ou plusieurs phrases. Voici un exemple :

REMEMBER
MANUEL U3 ▶ p. 81 • Frequency
MANUEL U5 ▶ p. 120 • Want to

__My favourite activity is__ going to the waterfalls. __I want to__ go to the waterfalls __because I love__ taking pictures. I __always__ take beautiful pictures when I am on holiday!

....

....

....

Je choisis **1** activité. ☐ ✸ Je choisis **2** activités. ☐ ✸✸ Je choisis **3** activités **ou plus**. ☐ ✸✸✸

Tasting the national dish

MANUEL ▶ p. 136

bordas.media/740133_055

4 **Regarde** l'image et essaie de **deviner** les ingrédients.

I think there is ....

I think there are ....

5 Maintenant, **regarde** la vidéo. Que font les enfants et quel est le nom du plat ?

The kids are ....

The name of the dish is ....

6 **Regarde** la vidéo une nouvelle fois et **numérote** les phrases suivantes dans l'ordre dans lequel tu les entends.

1	What is this?	....	Parts of the fruit are toxic.
....	It's a really popular breakfast dish.	....	It doesn't taste like fruit!
....	It looks like eggs.	....	It looks like a breakfast.

7 **Complète** la phrase suivante.
When Jamaicans eat their national dish, they eat ....

8 À la fin de la vidéo, **pourquoi** l'enfant fait-il une drôle de tête ?

....

....

9 **Dis** ce que tu aimes et n'aimes pas manger.

I love eating fish but I hate eating meat. I never eat chicken.
I always have hot chocolate for breakfast because I don't like drinking tea.

....

....

....

Je comprends **la thématique**. ☐ ★
Je comprends **les ingrédients** du plat. ☐ ★★
Je comprends **la fin de la vidéo**. ☐ ★★★

Discovering typical Jamaican dishes

MANUEL ▶ p. 137

10 a. Avant de lire le texte, **essaie d'associer** les ingrédients suivants à chaque image.

1 ....

2 ....

3 ....

4 ....

Ingredients	Photo n° 1, 2, 3 and/or 4	Ingredients	Photo n° 1, 2, 3 and/or 4
Rice		Curry	
Vegetables		Chicken	
Coconut milk		Goat meat	
Spices		Kidney beans	

chicken = *poulet*
goat meat = *viande de chèvre*
kidney beans = *haricots rouges*

REMEMBER

MANUEL U2 ▶ p. 64 • There is
MANUEL U5 ▶ p. 120 • Can

b. Associe chaque plat à sa photo et **note** les indices qui t'ont aidé/e à faire ton choix.

Jamaican cuisine is a mixture of cooking techniques, flavours[1] and spices[2] from different countries.
"Rice and peas" comes from Africa. It is rice with coconut milk, spices and kidney beans[3]. Jamaicans eat it with chicken or fresh fruit.
"Jerk Chicken" originates from Africa. It is chicken coated[4] in spices and slowly cooked over a fire.
"Curry Goat" comes from Asia. It is a curry dish[5] prepared with goat meat[6]. It's very popular.
"A Jamaican patty" is a baked pastry[7] filled with meat or vegetables. It comes from Great Britain.

1 flavour = *saveur*
2 spices = *épices*
3 kidney beans = *haricots rouges*
4 coated = *recouvert*
5 dish = *plat*
6 goat meat = *viande de chèvre*
7 pastry = *chausson fourré à la viande*

In curry goat, there is ....
In rice and peas, I can see ....
In Jamaican patty, I can see ....
In Jerk chicken, there is ....

11 **Relis** le texte une nouvelle fois. Quelle est l'origine de chaque plat ?

The dish "Rice and peas" is from .... Jerk chicken is from ....
Curry goat is from .... Jamaican patty is from ....

Je trouve **1** plat. ☐ ✸ Je trouve **2** plats. ☐ ✸✸ Je trouve **3 ou 4** plats. ☐ ✸✸✸

MANUEL ▶ p. 137

12 **Crée** un poster pour promouvoir la Jamaïque pendant le carnaval.

a. Pour illuster ton poster, commence par **choisir** des photos ou **dessiner** les images qui te plaisent.

b. **Ajoute** un titre.

c. **Choisis** tes 10 activités préférées et **note-les** sur le poster afin de les rendre bien visibles.

Soigne ton écriture.

Title: ....

1. Dancing is fantastic!
2. Dressing up is great!
3. They are ....
4. ....
5. ....
6. ....
7. ....
8. ....
9. ....
10. ....

Je respecte **1** élément de la consigne. ☐ ✱

Je respecte **2** éléments de la consigne. ☐ ✱✱

Je respecte **tous** les éléments de la consigne. ☐ ✱✱✱

LEXIQUE

MANUEL ▶ p. 138

Amuse-toi à mémoriser ton vocabulaire en famille ou avec tes amis.

1 **Relie** chaque mot à sa traduction. Puis, commence à **décorer** ta classe avec des ballons de nouveau vocabulaire. Vous pourrez **compléter** vos ballons tout au long de l'unité.

celebrate	maquillage
dress up	se déguiser
have fun	sourire
makeup	s'amuser
parade in the streets	défiler dans les rues
smile	célébrer
wear	porter un vêtement

2 **Décris** le costume. **Emploie** tous les mots de lexique que tu connais.
Tu peux faire cet exercice le manuel ouvert ✹ ou fermé ✹✹.

Dear Diary,
Today is Carnival day! I am very excited. I am wearing colourful feathers. I am wearing...

3 **Recopie** le mot dans le dessin correspondant.

beans – fish – flavour – meat – pastry – green and red peppers – spices

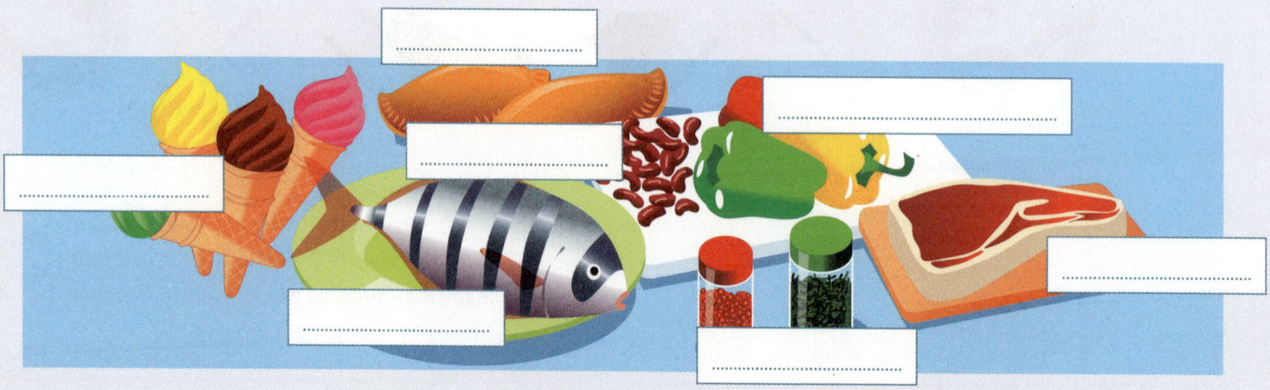

4 **Associe** chaque verbe à un complément. Attention, plusieurs réponses sont possibles !

taste	the **wa**terfalls
dance on	the beach
go to	**pho**tos
listen to	food
take	**re**ggae
visit	

5 **Rédige** une phrase pour chaque verbe.

Visit → He is visiting the beach.

dance → ....

go to → ....

listen to → ....

take → ....

taste → ....

visit → ....

6 **Note** tes 20 mots préférés et **traduis-les**.

BONNE IDÉE

Pour mieux retenir tes 20 mots, **inclus-les** dans une courte phrase en anglais. On retient mieux un mot quand on le met dans une phrase inventée.

Mes 20 mots

1. ....
2. ....
3. ....
4. ....
5. ....
6. ....
7. ....
8. ....
9. ....
10. ....
11. ....
12. ....
13. ....
14. ....
15. ....
16. ....
17. ....
18. ....
19. ....
20. ....

 MANUEL ▶ p. 140

A. Le nom verbal V-*ing*

OBSERVE ET RÉFLÉCHIS

a. **Observe** la traduction des verbes français se terminant en « -er ». Que remarques-tu ?

1. J'adore chanter et danser. — *I love singing and dancing.*
2. Chanter, c'est formidable. — *Singing is great.*

Le verbe anglais se termine en ....

b. **Complète** les deux phrases suivantes.

– Je peux remplacer « J'adore chanter. » par « J'adore le .... ». Il s'agit de la même activité.

– En anglais, pour transformer un verbe en un nom, j'ajoute les 3 lettres ___ ___ ___ à la base verbale. Je fabrique ainsi un N ___ ___ verbal.

c. **Observe** la syntaxe.

- Dans les exemples **1.** et **2.**, le nom verbal est-il sujet en **1.** ou en **2.** ? ....
- Est-il complément en **1.** ou en **2.** ? ....
- Rappelle-toi : l'anglais respecte toujours l'ordre ....

I	love	sing-ING
S..................................	V..................................	C..................................

ENTRAÎNE-TOI

1 **Cherche** un nom pour exprimer la même idée en français.

I love dancing. → J'adore danser. = J'adore la danse.

I like reading. → J'aime lire. = J'aime la ....

I love swimming. → J'aime nager. = J'aime la ....

She prefers playing. → Elle préfère jouer. = Elle préfère les ....

Le nom verbal anglais est invariable. Je peux le traduire en français par un ...., ou par un ...., au singulier ou au ....

2 Cet élève a calqué le français. **Ajoute** « -ing » aux 3 noms verbaux.

a. I love sing.................. and act..................

b. I sing.................. everyday.

c. I sing.................. when I'm happy.

d. I sing.................. when I'm sad.

e. Sing.................. is a fantastic hobby.

3 **Traduis.**

a. J'adore regarder des défilés. ....

b. J'aime porter des déguisements. ....

B. Le présent BE + V-*ing*

OBSERVE ET RÉFLÉCHIS

a. L'anglais a 2 présents.

Dans quels cas utilise-t-on le présent simple ou le présent BE + V-*ing* ?
Associie par une flèche chaque présent à ses 3 emplois.

	• parler des habitudes
	• parler d'activités qui se déroulent en ce moment
présent simple •	• parler des activités de tous les jours
	• parler d'activités que j'entends, que je vois faire
présent BE + V-*ing* •	• parler de sa routine
	• dire que je vois, j'entends des gens plongés dans une activité

b. Réfléchis aux traductions de « Ils chantent » et « Elle danse ».

- **Explique** la différence de sens.

1. Ils chantent et elle danse dans un groupe. *They sing and she dances in a group.*
2. Écoute ! Ils chantent. *Listen! They are singing.*
3. Regarde ! Elle danse. *Look! She is dancing.*

– Dans quelle phrase dit-on qu'ils chantent tous les jours ?
☐ 1 ☐ 2 ☐ 3

– Dans quelle phrase dit-on qu'elle danse en ce moment et peut-on la voir danser ?
☐ 1 ☐ 2 ☐ 3

- **Repère** en **2.** et en **3.**, les 2 outils anglais qui accompagnent le verbe pour dire que l'activité se déroule maintenant, sous nos yeux :

– l'auxiliaire ……………, et les 3 lettres __ __ __ (qui s'accrochent à la base v……………).

Quand le verbe se termine par un -E, il faut enlever le …… avant d'ajouter -ing :
dance + ing = …………………….

c. Recopie le slogan qui illustre ce dessin et **explique** avec tes mots le choix des lunettes pour évoquer le présent BE + V-*ing*.

…………………………………………………………………………………………

…………………………………………………………………………………………

…………………………………………………………………………………………

…………………………………………………………………………………………

…………………………………………………………………………………………

ENTRAÎNE-TOI

4 L'élève a oublié l'auxiliaire BE. **Ajoute** « am », « is », ou « are ».

a. Chut ! Ils chantent. → Quiet! They .... singing.

b. Il écoute. → He .... listening.

c. Je suis là et j'écoute aussi. → I .... here and I .... listening, too.

5 **Remets** dans l'ordre les mots suivants pour faire une phrase et **traduis-la**.

a. you / talking / am / to / I / .

→ ....

→ ....

b. you / listening / are / ?

→ ....

→ ....

c. you / he / not / looking / is / at / .

→ ....

→ ....

6 **Repère** de quel présent il s'agit et **traduis**.

a. Elle danse. C'est son métier. ....

b. Regarde ! Elle est là-bas et elle danse. ....

....

7 Tu l'as compris, avec BE + V-*ing*, on décrit ce qui se passe sous nos yeux. On décrit ce qui se passe au moment où on parle. Pour le mémoriser encore mieux, **choisis** ton slogan préféré et **illustre-le**. Ou encore mieux, **inventes-en** un nouveau seul/e ou avec ton/ta voisin/e !

a. 2 yeux pour le voir, 2 outils pour le dire.

b. Avec BE + V-*ing*, ici, on agit !

c. Plonge dans l'action !

Mon slogan pour BE + V-*ing*

 MANUEL ▸ p. 141

Le *E* magique

ÉCOUTE ET RÉFLÉCHIS

bordas.media/740133_056

a. **Écoute** et **repère** les différences.

cap / cape Tim / time sit / site not / note

Recopie ces mots selon le son de leur voyelle : son court ou diphtongue (= 2 sons différents) ?

	Son court	Diphtongue
cap	cap	
cape		cape
Tim		
time		
sit		
site		
not		
note		

b. **Observe** chaque colonne et **repère** une différence d'orthographe : dans la colonne « diphtongue », chaque mot se termine par un ....

Réfléchis. Le son court se transforme en une d.............................. quand on ajoute la lettre ....

La lettre .... finale a le pouvoir magique de faire « exploser » la voyelle qui précède. ☐ vrai ☐ faux

ENTRAÎNE-TOI

8 **Entoure** le « E » magique qui transforme la voyelle. **Lis** la liste à voix haute.

line – slim – finger – fine – fact – face – cape – cap

9 **Lis** à voix haute. **Entoure** l'intrus.

sit	site	sitting	cut	cute	cutting
Tim	time	timing	Pat	Kate	skate

10 bordas.media/740133_057

Vérifie avec l'enregistrement que tu as bien identifié les intrus. **Compte** le nombre de mots qui ont une diphtongue et ceux qui ont un son court.

			Diphtongues	Sons courts
sit	site	sitting	1	2
cut	cute	cutting		
Tim	time	timing		
Pat	Kate	skate		

11 **Logique d'orthographe**

Quand on ajoute *-ing* à la fin d'un verbe composé de « consonne + voyelle + consonne », on doit .... la consonne finale pour conserver le son de la base verbale et éviter le changement du son en diphtongue.

a. Cet élève a doublé toutes les consonnes finales. **Raye** les consonnes doublées à tort :

swim / swimming cut / cutting speak / speakking help / helpping eat / eatting

b. **Entoure** les verbes où il faudra doubler la consonne finale :

read – look – put – test – sit – cut – eat

Le E magique est fantastique !

AUTO-ÉVALUATION

MANUEL ▶ p. 146

J'AI RÉUSSI MES MISSIONS

Complète le tableau en cochant les missions que tu as faites.

		★	★★	★★★
Now … your turn	J'ai présenté ma/mes photo/s.			
	Je rédigé la/les légende/s.			
Almost there	J'ai fait le poster.			
	J'ai noté mes activités préférées.			
Put it all together	J'ai inventé mon carnaval.			
	Je l'ai décrit.			

CE QUE JE VEUX RETENIR

Écris en **rouge** tes erreurs. **Écris** en **vert** la correction.

My favourite mistakes

Souvent j'écris...	Ce que je dois écrire...
....	....
....	....
....	....

Réécris ce que tu veux retenir dans des phrases simples.
On retient mieux ce qu'on veut apprendre quand on l'inclut dans des phrases courtes et simples.

CE QUE J'AI AIMÉ

Les trois belles choses que j'ai aimées dans cette unité !

J'ai adoré… ....

J'ai bien rigolé quand… ....

Je suis fier/fière de… ....

MES BADGES

Collecte tes badges pour l'unité 6 et **colle-les** ici.

You did it!

POUR VÉRIFIER QUE J'AI TOUT COMPRIS

Je réussis à comprendre un récit audio.

bordas.media/740133_058

1. Écoute l'enregistrement.

2. Que font Charlotte et les autres membres de sa famille ? Tu peux **compléter** ce schéma pour t'aider.

Charlotte	Her father	Her mother	Her brother
....	....	....	....
....	....	....	....
....	....	....	....
....	....	....	....
....	....	....	....

Je réussis à comprendre un texte court.

3. Lis le texte suivant et **entoure** la bonne image.

This is a picture of a woman during the Jamaican Carnival. She is beautiful. She has medium long hair. She is smiling. She isn't wearing a mask. She isn't wearing big colourful earrings but she has sequins under her eyes. She has yellow and green makeup on her eyes. She is wearing green, pink and yellow feathers.

Je réussis à écrire et à parler en anglais.

4. Voici Koffee, une chanteuse jamaïcaine. **Décris-la.**

5. Où est-elle ? Que fait-elle ? **Imagine** le plus de détails possible. **Utilise** les verbes que tu as appris dans cette unité et ailleurs.

She is singing...

....

....

....

Coche les cases en fonction de ce que tu as réussi.

J'ai compris	J'ai trouvé	J'ai écrit	J'ai dit
2 activités ☐ ✹	la bonne image ☐ ✹	**2** phrases ☐ ✹	**2** détails ☐ ✹
3 activités ☐ ✹✹	la bonne image et **2** indices ☐ ✹✹	**3** phrases ☐ ✹✹	**3** détails ☐ ✹✹
4 activités ☐ ✹✹✹	la bonne image et **3** indices ☐ ✹✹✹	**4** phrases **et plus** ☐ ✹✹✹	**4** détails **et plus** ☐ ✹✹✹

7 SUMMER CAMP IS FUN

LET'S SING AND DANCE!

bordas.media/740133_059

MANUEL ▶ p. 151

Camping in California

Camping in California
Come and explore, there's so much to see
Camping in California
We can climb a mountain and look at the sea

Let's pack our bag for camping,
We'll need a tent and a sleeping bag
We can light a campfire,
And eat the best marshmallows we've ever had

Chorus

Don't forget the flashlights,
We must light up the path at night
We can walk through the valley,
And look up at the moon which is shining bright

Camping en Californie

Camper en Californie
Venez découvrir, il y a tant à voir
Camper en Californie
Nous pouvons escalader une montagne et regarder la mer

Préparons notre sac pour le camping,
Nous aurons besoin d'une tente et d'un sac de couchage
Nous pouvons allumer un feu de camp,
Et manger les meilleures guimauves que nous ayons jamais eues

Refrain

N'oubliez pas les lampes de poche,
Nous devons éclairer le chemin la nuit
Nous pouvons nous promener dans la vallée,
Et regarder la lune qui brille de mille feux

1 **Surligne** tous les mots de la chanson qui sont en lien avec le **camping** et **souligne** les mots en lien avec la **nature**.

2 **Amuse-toi** avec ce touché-coulé et **mémorise** le son /ɪŋ/ de « King ».
Qui va réussir en premier ?
Noircis 2 cases au choix.

I'm/I'm not...	...camping...	...singing...	...sleeping...	...smiling...	...eating...
...in the rain.					
...in the sun.					
...in a tent.					

Puis **interroge** ton camarade pour trouver les siennes. *Are you camping in the rain?*

Are you...	...camping...	...singing...	...sleeping...	...smiling...	...eating...
...in the rain?					
...in the sun?					
...in a tent?					

Je lis **3 ou 4 vers** à voix haute. ☐ ★ Je lis **5 ou 6 vers** à voix haute. ☐ ★★ Je lis **7 vers et plus** à voix haute. ☐ ★★★

Action

MANUEL ▶ p. 152

1 a. **Regarde** la carte et **entoure** les éléments suivants.
bus – canoe – car – horse – island – kid

REMEMBER
MANUEL U2 ▶ p. 64 • There is

b. Puis, **rédige** des phrases en utilisant « There is » et « There are ».

There is one... *There are 2 – 3 – 4...*

....

....

....

c. **Vérifie** avec ton voisin le nombre correct d'éléments. PAIRWORK

How many canoes are there? There are... *There is...*

2 Amuse-toi maintenant à **repérer** des lieux précis et **vérifie** si ton camarade peut les trouver.
Voici quelques endroits mais tu peux en choisir d'autres :
cabin 16 – campfire – doctor – kitchen…

Question: Can you spot the kitchen?
Answer: Yes, I can. It's behind / between / in front of / next to / on / under...

REMEMBER
MANUEL U2 ▶ p. 63
Les prépositions de lieu

3 **Imagine** que tu es dans ce camp. Quelle serait ta 1re activité ?

My first activity is	*ziplining*	*because I*	*love*	*having fun.*
	canoeing		*enjoy*	*exciting sports.*
	horse riding		*prefer*	*animals.*

My first activity is ....

Je trouve **3** activités. ☐ Je trouve **4 ou 5** activités. ☐ Je trouve **plus de 5** activités. ☐

Emotion

MANUEL ▶ p. 153

bordas.media/740133_060

4 Il a beaucoup plu et certains mots ont été effacés ! **Complète** la lettre avec les mots ci-dessous.
camp – fun – lake – night – play – sports – want

Dear Dad and Mom,
I'm having a great time at ....
I did a lot of new .... this week: fishing in the
............................, sailing, fencing and kneeboarding. It was
a lot of .... I basically did everything!
Every ...., we do an evening program.
We .... games in front of the fireplace.
I .... to come next year and the year after that.
I miss you!
Love, XXX Audrey!

5 Maintenant, **regarde** la vidéo. Parmi les activités suivantes, lesquelles sont mentionnées ?
☐ fencing – ☐ fishing – ☐ hiking – ☐ horse riding – ☐ kneeboarding – ☐ sailing

6 **Entoure** les sentiments exprimés et **justifie** tes choix.

He/she is .... because ....
He/she is .... because ....
He/she isn't .... because ....
He/she isn't .... because ....

7 **Lis** la lettre et **choisis** la bonne réponse.
Attention, il y a parfois plusieurs bonnes réponses !

Dear Mommy,
I think it's not nice that we must write a letter to eat dinner but I'm glad to write a letter to you because I love you. Yesterday, it rained all day but we enjoyed horse riding and sailing. Camp is a lot of fun. I wanted to take photos of the animals today but I didn't see a single bear! We ate marshmallows next to the fireplace. I can't wait to see you.
My counselor's[1] name is Liz, she's nice.
Love,
Ella

[1] counselor = moniteur, monitrice

Elle ☐ est heureuse d'écrire une lettre.
☐ n'est pas contente d'écrire une lettre.
☐ est obligée d'écrire une lettre.

La météo était ☐ ensoleillée.
☐ pluvieuse.
☐ sympa.

Elle a ☐ fait de l'équitation.
☐ vu un ours.
☐ pris des photos des animaux.

8 **Invente** 5 questions pour vérifier avec ta classe que vous avez bien compris le texte. Tu peux commencer tes questions ainsi. Si tu as les réponses, tu peux également les noter.

a. Who wrote ....? ....
b. Where is ....? ....
c. When did ....? ....
d. Why is she ....? ....
e. Did she ....? ....

Je comprends **les activités** qu'ils font. ☐ ★
Je comprends **leurs sentiments**. ☐ ★★
Je comprends **les détails** du texte. ☐ ★★★

① ② NOW... YOUR TURN

MANUEL ▶ p. 153

9 **Imagine** que tu as passé une semaine au Gold Arrow Camp en Californie.

a. Choisis parmi les éléments suivants ce que tu aimerais dire ou écrire.
Tu peux également **proposer** d'autres idées.

– activities: ☐ canoeing ☐ horse riding ☐ sailing ☐ sleeping in tent ☐ eating marshamallows

....

– feelings: ☐ excited ☐ surprised ☐ happy ☐ unhappy ☐ tired

....

– weather: ☐ cold ☐ hot ☐ perfect ☐ rainy ☐ sunny ☐ terrible

....

– nature: ☐ forest ☐ lake ☐ river

....

AU CHOIX

b. Écris une lettre ou **rédige** la conversation téléphonique avec un parent. Voici quelques phrases pour t'aider.

Dear Mom, Hi Mom! / Hi Dad!

I finished my summer camp and I loved it!

I enjoyed...

I was very...

The weather was...

I visited...

Love you!

PAIRWORK

c. Quelques phrases supplémentaires pour jouer le rôle du parent. Tu peux **jouer** la scène devant la classe.

– How are you?

– What did you do?

– Where did you go?

– That's great / fantastic / excellent / good!

....

....

....

....

....

....

....

....

....

Je donne **2 ou 3** informations. ☐ ★

Je donne **4 ou 5** informations. ☐ ★★

Je donne **plus de 5** informations. ☐ ★★★

Unplugging

MANUEL ▶ p. 154

bordas.media/740133_061

1 Avant de regarder la vidéo, **observe** la carte. Peux-tu déjà répondre à certaines de ces questions ?

– Where is Mountain Camp?

It is ....

– What nature can you see at Mountain Camp? I can see ....

....

– **Imagine**. What activities can you do at Mountain Camp? You can ....

....

2 Maintenant, **regarde** la vidéo. **Mets** les activités dans le bon ordre.

ziplining	arts and crafts	cycling	hiking	playing the guitar	singing	swimming	waterskiing
1	......	......	......	......	......	......	......

3 Parmi les mots suivants, **lesquels** sont utilisés pour décrire l'environnement ?

☐ beautiful ☐ crazy ☐ exciting ☐ extraordinary ☐ great ☐ nice ☐ peaceful ☐ quiet ☐ silent

4 **Compare** la vie dans un camp d'été à la vie de tous les jours. **Relie** « summer camp » ou « every day » aux activités décrites.

Summer camp •

Every day •

- You can wake up under the stars.
- You can use electronics.
- You have a phone.
- There is stress.
- The food is delicious.
- There is a campfire.
- Life is exciting.
- Life is busy.

- **busy** = *occupé*
- grow = *grandir*
- plug ≠ un**plug** = *brancher ≠ débrancher*

Je trouve **certaines** activités. ☐ ★

Je comprends **en quoi** le camp est différent **(1 raison)**. ☐ ★★

Je comprends **en quoi** le camp est différent **(2 raisons ou plus)**. ☐ ★★★

Exploring

MANUEL ▶ p. 154

5 **Complète** la carte avec les mots suivants.
bear – canoe – cross-country ski – lake – mountain – palm tree – ride a motorcycle – roadrunner – sail – scuba dive – surf

6 Comment **appelle-t-on** la Californie ?
Peux-tu deviner pourquoi ?

REMEMBER
MANUEL U0 ▶ p. 33 • The weather

California's nickname is .... because ....

....

Je dis **3** détails. ☐ Je dis **4 ou 5** détails. ☐ Je dis **6** détails **et plus**. ☐

Sharing stories

MANUEL ▶ p. 155

7 **Lis** le texte et **repère** les mots qui vont t'aider à le comprendre.

Legend of Tu-Tok-A-Nu'-La (El Capitan)

Two little boys who lived in the valley went down to the river to swim. They splashed and laughed and then decided to sit in the sun. They climbed[1] an enormous rock[2] next to the water and fell asleep[3].

The rock grew[4] and grew until the boys touched the sky, until their faces touched the moon. Then there was a great council of all the animals. They wanted to bring[5] the boys down from the top of the great rock. Every animal tried to jump, but it was impossible. The rock was too big.

Then came tiny Measuring-Worm[6] who started climbing up the rock. Soon he reached[7] as high as Raccoon, Bear, and Lion, and he climbed up the enormous rock. For one entire winter, Measuring-Worm climbed and climbed, and finally he arrived at the top. He woke up the boys, and came down. They were safe. All the animals were happy and decided to name the rock in his honour.

That's why the rock is called Tutokanula, the measuring worm in the Miwok language.

1. climb = *grimper*
2. rock = *rocher*
3. fall/fell **asleep** = *s'endormir*
4. grow/grew = *pousser*
5. bring/brought down = *faire descendre*
6. **meas**uring worm = *petit ver de terre de 3 cm*
7. reach = *atteindre*

a. Souligne les noms de personnages.
b. Surligne le nom du lieu.

Noms de personnages : ....

....

Nom de lieu : ....

Qui est le héros dans cette histoire ?

....

8 **Entoure** tous les verbes dans le texte ci-dessus.

9 Maintenant que tu as repéré les noms et les verbes, **imagine** ce qui se passe dans cette histoire. **Compare** avec ton voisin.

La légende de Tutokanula est l'histoire de deux garçons.

Au début, ils ....

Puis, ...

Ensuite, ...

À la fin, ...

10 Voici un résumé de l'histoire mais il y a **trois** erreurs.
Repère-les et **corrige-les**. Puis, **recopie** le paragraphe avec les corrections dans ton cahier pour t'entraîner à raconter une histoire.

The Legend of Tutokanula is the story of three boys who want to have fun. They swim and then fall asleep on a ~~tree~~ rock. The rock grows and grows and grows. It touches the stars. The animals want to save the boys but it is impossible. The rock is enormous! Measuring-Worm is very big. He is the hero because he saves the boys.

11 **Dessine** les personnages pour compléter l'histoire.

Je comprends qui sont **les personnages** de l'histoire et **l'endroit** où elle se situe. ☐
Je comprends **les verbes**. ☐
Je comprends bien **l'histoire**. ☐

MANUEL ▶ p. 155

12 a. **Choisis** un objet ou une photo en lien avec la nature. **Explique** où tu as trouvé l'objet ou pris la photo et pourquoi tu l'as choisi/e.

I took this picture in...
It was wonderful...
I was on holiday and I was...
There was...
There were...

b. Puis, **réponds** aux questions posées par tes camarades.

Where did you find / take it?
When did you take / find it?
Did you...?
Were you...?
Yes, I did... No, I didn't...
Yes, I was... No, I wasn't...

Je fais **1 ou 2** phrases. ☐ ★
Je fais **3 ou 4** phrases. ☐ ★★
Je fais **5** phrases **ou plus**. ☐ ★★★

MANUEL ▶ p. 156

Amuse-toi à mémoriser ton vocabulaire en famille ou avec tes amis.

1 **Complète** la grille de mots croisés en écrivant la traduction des mots donnés.
Tu peux faire cet exercice le manuel ouvert ✸ ou fermé ✸✸.

ACROSS
- **3.** faire de la voile
- **4.** faire de la randonnée
- **8.** faire du ski de fond
- **10.** faire du VTT
- **11.** faire du tir à l'arc

DOWN
- **1.** faire du ski nautique
- **2.** faire de la tyrolienne
- **5.** faire du cheval
- **6.** grimper
- **7.** faire du canoë
- **9.** faire du surf

✸✸ **2** **Compte** les animaux sauvages et **complète** les phrases.

1. How many bears are there?
There are .... bears.

2. How many .... are there?
There are ....

3. How many ....?
There are ....

4. How many ....?
There ....

5. How many ....?
There ....

6. ....?
There ....

3 **Lance** le dé et **avance**. Pour continuer à jouer et avancer, il faut **faire une phrase**.
Tu peux t'aider des amorces notées sur la planche.

Si ton camarade dit un mot en français, il doit reculer d'une case ! *No French, you must go back 1 space!*
My turn!/Your turn! *Give me the dice!*

4 **Note** tes 20 mots préférés et **traduis-les**.

BONNE IDÉE

Tu retiendras beaucoup plus facilement le vocabulaire, si tu le révises plusieurs fois par semaine. Si tu le révises uniquement pour les contrôles, tu l'oublieras très rapidement. Pour ne pas oublier de le réviser, **note-le** dans ton agenda !

Mes 20 mots

1. ....
2. ....
3. ....
4. ....
5. ....
6. ....
7. ....
8. ....
9. ....
10. ....
11. ....
12. ....
13. ....
14. ....
15. ....
16. ....
17. ....
18. ....
19. ....
20. ....

GRAMMAIRE

MANUEL ▶ p. 158

A. Le passé régulier

RÉFLÉCHIS

a. Repère les verbes conjugués. **Compare** les traductions.

Deux garçons vivaient dans la vallée. *Two boys lived in the valley.*
Ils ont voulu se baigner. *They wanted to swim.*
Un animal apparut. *An animal appeared.*

- Le passé anglais correspond à 3 temps du passé français. Lesquels ?

  L'i.................................., le p.................................. c.................................. et le p.................................. s...................................

- Quelles lettres faut-il ajouter à la base verbale pour fabriquer un passé en anglais ? ....
- La conjugaison du passé change-t-elle à la 3e personne ? Au singulier ? Au pluriel ? ....

Quand le verbe anglais se termine par un E, on ajoute seulement un **-D** à la base verbale.

b. Repère si c'est au présent ou au passé. Puis, **réfléchis** à la traduction correcte.

	Présent	Passé	Traduction	
Ils vivent ici.			☐ They live here.	☐ They lived here.
Ils vivaient ici.			☐ They live here.	☐ They lived here.
Ils ont vécu ici.			☐ They live here.	☐ They lived here.
Ils vécurent ici.			☐ They live here.	☐ They lived here.

c. Complète et **mémorise** la règle.

Pour parler d'événements du passé, il suffit d'ajouter .... à la base verbale, au singulier comme au pl.................................., à toutes les p...................................

C'est clair, avec -ED, le verbe est au ....

ENTRAÎNE-TOI

1 **Choisis** entre le verbe au présent ou le verbe au passé.

a. They play / They played in the park every day.
b. They play / They played yesterday.
c. We visit / We visited California in 2020.
d. We visit / We visited California every year.

2 **Traduis** en français en utilisant un passé composé.

We climbed a rock yesterday. → Hier, nous avons escaladé un rocher.

a. We started at nine. → ....
b. We played. → ....
c. It rained. → ....
d. We stopped. → ....

3 **Traduis** en anglais.

a. J'ai voulu escalader un rocher hier. → ....

b. Un ami m'a aidé. → ....

c. Nous sommes arrivés au sommet. → ....

B. Les passés irréguliers

Certains verbes sont originaux et ne suivent pas la règle du -ED. Tu les apprendras peu à peu. 😄

RÉFLÉCHIS

a. Le passé de BE. **Compare** le présent et son passé.
Entoure en **bleu** les verbes au présent et en **rouge** les verbes au passé.

Quel original, ce BE !

BE au présent	BE au passé
I am in California.	I was in California.
You are with me.	You were with me.
My brother is with us.	My brother was with us.
We are so happy.	We were so happy.
You are with our friends.	You were with our friends.
Holidays are great.	Holidays were great.

- Combien le verbe BE a-t-il d'habits au présent ? ☐ 2 ☐ 3 ☐ 6
- Combien le verbe BE a-t-il d'habits au passé ? ☐ 2 ☐ 3 ☐ 6
- Par quelle lettre les 2 habits du passé de BE commencent-ils ? Par un ....

Seul le verbe BE a 2 habits au passé. Tous les autres verbes n'en ont qu'un seul.

b. Quelques autres passés irréguliers.

I do / I did *I come / I came* *I see / I saw* *I wake up / I woke up* *I write / I wrote*	Je fais / J'ai fait Je viens / Je suis venu Je vois / J'ai vu Je me réveille / Je me suis réveillé J'écris / J'ai écrit

Cherche comment expliquer l'irrégularité de ces verbes.

- En anglais, on aime ce qui est court, facile à dire et ce qui sonne bien. ☐ vrai ☐ faux
- Ici, il a suffi de changer de **son** voyelle, pour changer de temps. ☐ vrai ☐ faux

ENTRAÎNE-TOI

4 **Associe** d'une flèche le français à l'anglais, le présent au passé et le passé à sa traduction.

Je dors •	• I go •	• I said •	• Je suis allé
Je vais •	• I say •	• I slept •	• J'ai dit
Je dis •	• I sleep •	• I sent •	• J'ai dormi
J'envoie •	• I send •	• I went •	• J'ai envoyé

I go / I went = encore un W !

5 **Cherche** la base verbale de ces passés irréguliers et **traduis** les phrases en français.

We sat near a river. (sit) On s'est assis près d'une rivière.

a. I went to a camp last summer. (..................) ....

....

b. We ate roasted marshmallows. (..................) ....

....

c. It was cool. (..................) ....

C. L'auxiliaire *DID* et les formes négative et interrogative

RÉFLÉCHIS

a. **Observe** ces phrases. **Entoure** en **bleu** l'auxiliaire du présent et en **rouge** l'auxiliaire du passé.

Do you like California?	Did you like California?
I don't like Los Angeles.	I didn't like Los Angeles.
Does she live in Los Angeles?	Did she live in Los Angeles?
She doesn't live in Los Angeles.	She didn't live in Los Angeles.

- Que remarques-tu ? DO et DOES sont remplacés par .... L'auxiliaire du passé est ....
- Pourquoi ce changement ? .... est le passé de DO, pour .... les personnes.

b. **Observe** maintenant le cas de BE. **Entoure** en rouge le passé de BE.

Were you in Los Angeles?	No, I wasn't in Los Angeles.
Was he in San Francisco?	No, he wasn't in San Francisco.

- BE n'a jamais besoin d'aide pour les formes négative et interrogative. ☐ vrai ☐ faux

c. **Complète** et **mémorise** la règle.

- S'il n'y a pas BE, les questions au passé ont besoin de l'auxiliaire ....

DID est le passé irrégulier de .... et de .... Il s'emploie pour .... les personnes.

Dans une question au passé, l'ordre des mots est « DID + S-V-C + ? ».

- À la forme négative, pour tous les verbes, à part ...., l'auxiliaire du passé est ....

Dans une phrase négative du passé, l'ordre des mots est « S + DIDN'T + V-C ».

ENTRAÎNE-TOI

6 **Recopie** en remplaçant « do » et « does » par « did ».

a. Do you like your summer camp? ....

b. Does she like her trip? ....

c. She doesn't like Los Angeles. ....

7 **Transforme** cet exemple en remplaçant « like » par le verbe « visit ».

« Did she like Los Angeles? No, she didn't like Los Angeles, she liked San Francisco. »

....

....

8 Maintenant, **remplace** « like » par le verbe « see ».

....

....

PRONONCIATION

MANUEL ▶ p. 159

Les 3 prononciations du *-ED*

ÉCOUTE ET RÉFLÉCHIS

bordas.media/740133_062

- Pour prononcer le -ED final du passé, le son /d/ est la règle.

son final /d/ — *We arriv**ed**. We call**ed**. He open**ed** the door.*

- Dans certains cas, pour prononcer le -ED avec plus de confort, on prononce :

un son final /t/ — *We walk**ed**. We jump**ed** and we danc**ed**. But he push**ed** us.*

OU un son final /ɪd/ — *We want**ed** to shout. We need**ed** it. So, we shout**ed**.*

Cherche une raison pour expliquer le choix des 2 autres sons, /t/ et /ɪd/.

- Essaie d'ajouter le son /d/ à la fin de « dance », « jump », « push », « walk ».

Est-ce ☐ facile, ☐ difficile ou ☐ impossible ?

- Essaie d'ajouter le son /d/ à la fin de « want » et « need ».

Est-ce ☐ facile, ☐ difficile ou ☐ impossible ?

ENTRAÎNE-TOI

9 **Écoute**, **répète** et **coche** la case du son qui convient pour prononcer -ED.

bordas.media/740133_063

	Le son /d/	Le son /t/	Le son /ɪd/
I opened – I arrived			
I wanted – I painted			
I cooked – I worked			

10 **Entoure** l'intrus dans chaque liste.

a. created – decided – opened – painted – respected – visited – voted
→ les autres ont le son ....

b. enjoyed – listened – missed – organized – played – trained → les autres ont le son ....

c. cooked – helped – loved – pushed – walked – jumped → les autres ont le son ....

AUTO-ÉVALUATION

MANUEL ▶ p. 164

J'AI RÉUSSI MES MISSIONS

Complète le tableau en cochant les missions que tu as faites.

		★	★★	★★★
Now … your turn	J'ai réussi à rédiger ma lettre.			
	J'ai joué la conversation au téléphone.			
Almost there	J'ai présenté mon objet.			
	J'ai répondu aux questions.			
Put it all together	J'ai inventé une histoire.			
	Mon histoire a un début, un milieu et une fin.			

CE QUE JE VEUX RETENIR

Écris en **rouge** tes erreurs. **Écris** en **vert** la correction.

My favourite mistakes

Souvent j'écris…	**Ce que je dois écrire…**
....	....
....	....
....	....

Pour bien retenir ce que tu dois écrire, il faut le réviser très régulièrement. N'hésite pas à recopier ce que tu dois écrire sur un post-it® ou à créer un marque-page. Place-le là où tu le verras très souvent : dans ton manuel, ton agenda, le livre que tu lis en ce moment, ou même sur ton réfrigérateur !

CE QUE J'AI AIMÉ

Les trois belles choses que j'ai aimées dans cette unité !

J'ai adoré…..

J'ai bien rigolé quand…..

Je suis fier/fière de…..

MES BADGES

Collecte tes badges pour l'unité 7 et **colle-les** ici.

You did it!

POUR VÉRIFIER QUE J'AI TOUT COMPRIS

Je réussis à comprendre un dialogue.

bordas.media/740133_064

1. Écoute le dialogue. **Note** tout ce que John et Mary ont fait cet été.

2. Complète le tableau.

	Lieu	Sports pratiqués	Animaux vus	Sport favori
John	–	– .... – .... –	– .... – .... –	– ....
Mary	–	– .... – .... –	– .... – .... –	– ....

Je réussis à comprendre un texte court.

3. Lis le texte à la page 164 de ton manuel.

4. Pourquoi Sara a-t-elle adoré ce camp d'été ? **Note** toutes les raisons qu'elle donne.

....

....

....

....

....

....

Je réussis à écrire et à parler en anglais.

5. Imagine que tu as passé tes vacances à Bear Camp en Californie.

6. Décris ce que tu as fait. Où es-tu allé/e ? Quelles activités as-tu faites ? **Donne** le plus de détails possible.

I visited… I loved ziplining… I liked… I didn't like… I…

....

....

....

Coche les cases en fonction de ce que tu as réussi.

J'ai trouvé pour chacun
- **1 ou 2** éléments ☐ ★
- **3** éléments ☐ ★★
- **4** éléments **ou +** ☐ ★★★

J'ai compris
- **1 ou 2** raisons ☐ ★
- **3** raisons ☐ ★★
- **+ de 3** raisons ☐ ★★★

J'ai écrit
- **1 ou 2** phrases ☐ ★
- **3 ou 4** phrases ☐ ★★
- **+ de 4** phrases ☐ ★★★

J'ai dit
- **1 ou 2** phrases ☐ ★
- **3 ou 4** phrases ☐ ★★
- **+ de 4** phrases ☐ ★★★

TEAM TIME

MANUEL ▶ p. 166

Lis les textes et **regarde** la vidéo à la page 166 de ton manuel.

Note les réponses au fur et à mesure.

Puis, **remets** les lettres des cases en rouge dans le bon ordre pour **trouver** le nom d'un célèbre parc national en Californie.

a) Birth country of John Muir: ________

b) American state his family moved in: _________

c) Club he founded: ______ ____

d) Place he went camping with the President: ________

e) Place created to protect nature: ________ ____

f) A synonym for protect: ________

g) The President wanted to stop politics during four: ____

SOLUTION : ....

Crédits photographiques

Couverture g ADOBE STOCK PHOTO/ Valiza1 ; **mg** GETTY IMAGES for Birmingham 2022 Festival/ John ; **md** ADOBE STOCK PHOTO/ Sina Ettmer ; **bg** ADOBE STOCK PHOTO/ Sergii Figurnyi ; **bd** ADOBE STOCK PHOTO/ Olesia Bilkei ; **d** ADOBE STOCK PHOTO/ ViDi Studio.

Plat II ADOBE STOCK PHOTO/ BestPhotoStudio ; ADOBE STOCK PHOTO/ DivineWorld ; ISTOCK/ mgstudyo ; ADOBE STOCK PHOTO/ Anna Kraynova ; ADOBE STOCK PHOTO/ Halfpoint ; ADOBE STOCK PHOTO/ veronika7833 ; SHUTTERSTOCK/ Rodica Vasiliev ; ISTOCK/ Halfpoint ; ADOBE STOCK PHOTO/ Igor Yaruta ; ADOBE STOCK PHOTO/ Seventyfour ; ISTOCK/ Khosrork ; ISTOCK/ Pollyana Ventura.

3 ht ISTOCK/monkeybusinessimages ; COLLECTION CHRISTOPHEL © Disney+ - Disney Television Animation - ICON Creative Studio - Pixar Animation Studios/DR ; SHUTTERSTOCK/kmichal ; **3 m** Cybergroup Studio 2020 ; ADOBE STOCK PHOTO/ Chris Brignell ; ISTOCK/Chunyip Wong ; PHOTO12/ Alamy/ Brian Anthony ; **3 bas** ADOBE STOCK PHOTO/ Olesia Bilkei ; **13 bas** ADOBE STOCK PHOTO/ Vitaliy ; **18 bas g** ADOBE STOCK PHOTO/ chandlervid85 ; **18 bas d** ADOBE STOCK PHOTO/ 2dmolier ; **19** twitter.com/Whittle_Springs - ADOBE STOCK PHOTO ; **23** ADOBE STOCK PHOTO/ Vector Tradition ; **26** Nickelodeon Network-Paramount Pictures/DR ; **37** COLLECTION CHRISTOPHE L / JetPack Production/DR ; **38** COLLECTION CHRISTOPHEL © Walt Disney/ DR ; **46** ADOBE STOCK PHOTO ; **47** ADOBE STOCK PHOTO/ 4luck ; **51 m g** ISTOCK/ Sandra van der Steen ; **51 m m** ISTOCK/ ryasick ; **51 m d** ISTOCK/Chris Hepburn ; **57** SIPA PRESS/ Kathy Willens/AP ; **58 bas** ADOBE STOCK PHOTO/ Mister G.C ; **59 bas** ISTOCK/ Paprikaa ; **60 bas g** GETTY IMAGES France/ Andrew Toth ; **61 ht** PHOTO12/Alamy/ratselmeister ; **62 bas** ADOBE STOCK PHOTO ; **73 m** Cybergroup Studio 2020 ; **74 bas** Netflix/ DR ; **75** Warner Bros/ DR ; **76 ht** COLLECTION CHRISTOPHE L © Warner Bros. / Heyday Films/DR ; **77** Hanna-Barbera/DR ; **78** ISTOCK/ monkeybusinessimages ; **79** ADOBE STOCK PHOTO/ Brent Hofacker ; **80** ISTOCK/ digitalskillet ; **87** ADOBE STOCK PHOTO/ beletskaya18 ; **90, 100 m et 101 bas** ADOBE STOCK PHOTO ; **92 ht g** Chloe Jade Kilmartin ; **94 g** ADOBE STOCK PHOTO/ Konovalov Pavel ; **94 d** ISTOCK/ Johnny Greig ; **97 bas d** PHOTO12/Alamy/Mickey Lee ; **100 ht g** DR ; **100 m g** ISTOCK/ Johnny Greig ; **100 m m g** ISTOCK/ Nikada ; **100 m m d** ADOBE STOCK PHOTO/ kmiragaya ; **100 m d** ADOBE STOCK PHOTO/ olavs ; **100 bas g** ISTOCK/ 169 Paul Vachier ; **100 bas m** ISTOCK/ Circle Creative Studio ; **100 bas d** PHOTO12/Alamy/Ashley Cooper pics ; **104** ADOBE STOCK PHOTO/ irisphoto1 ; **105 ht g** ADOBE STOCK PHOTO/ dstarky ; **108 bas g** ISTOCK/ BBXP ; **108 bas d** ISTOCK/ kamisoka ; **109 ht** ADOBE STOCK PHOTO/ Artalis-Kartographie ; **109 bas** PHOTO12/Photo12/Alamy/Tony T ; **110 ht** GETTY IMAGES France/ John Phillips ; **111 ht** GETTY IMAGES France/ Education Images/Universal Images Group ; **112 bas g** GETTY IMAGES France/ Sean Drakes/Latin Content ; **112 bas m** GETTY IMAGES France/ Steve Russell/Toronto Star ; **112 bas d** PHOTO12/ Alamy/Paul Brown ; **113 ht** GETTY IMAGES France/ Bobby Bank/WireImage ; **114** ADOBE STOCK PHOTO/ uckyo ; **115 m g** ADOBE STOCK PHOTO/ Fanfo ; **115 m d** ADOBE STOCK PHOTO/ Ezume Images ; **115 bas g** ISTOCK/ Dubaune Cas ; **115 bas d** ADOBE STOCK PHOTO/ paul_brighton ; **117** ADOBE STOCK PHOTO/ Lam Thuc Trinh ; **118** ADOBE STOCK PHOTO/ Dario Fogo ; **125 bas g** REUTERS/ Gilbert Bellamy ; **125 bas d** ISTOCK/ ampueroleonardo ; **126** ADOBE STOCK PHOTO/ BNP Design Studio ; **127** Gold Arrow Camp ; **129** ADOBE STOCK PHOTO/ Johner Images ; **131** Mountain Camp ; **132** Jennifer Farley illustrations ; **133 bas** ISTOCK/ studiofox_Lidia ; **135** ADOBE STOCK PHOTO/ Julia Jones.

N° de projet : 10301632 - Dépôt légal : avril 2023

Imprimé en France par Estimprim en mai 2024

imprimeur certifié IMPRIM'VERT®